부자의 사고
빈자의 사고

일러두기
- 본문의 주는 옮긴이 주입니다.
- 일본 엔화는 원화로 바꿔 실었습니다. 2015년 12월 기준으로 환율이 약 930원이나 편의상 1,000원을
  적용했습니다.

당장 할 수 있는데도 99%의 사람들이 실천하지 않는 부자 비법

부자의 사고

빈자의 사고

이구치 아키라 지음 | 박재영 옮김

한스미디어

'부자의 사고방식'을 갖추면

부자가 된 것이나 다름없습니다.

현재 부자가 아니라면

지금과 완전히 '정반대'로 생각해야 합니다.

낙오자였던 내가 인생 대역전에 성공할 수 있었던 이유

"좋아해서 열정을 쏟을 수 있는 일을 직업으로 삼는다."
"좋아하는 사람하고만 함께 일한다."
"인생에서 하고 싶은 일은 전부 한다."
"좋아하는 일을, 좋아하는 시간에, 좋아하는 사람과, 좋아하는
 장소에서, 좋아하는 만큼 한다."

《부자의 사고 빈자의 사고》에 관심을 가져주신 여러분께 감사드
립니다. 우선 이 책을 읽기 전에 심호흡을 천천히 한 후, 지금 잡고
있는 종이의 감촉을 느끼면서 차분한 마음으로 위와 같은 상황을
상상해 보기 바랍니다. '꿈같은 소리 하네'라고 생각할지도 모릅니
다. 그러나 저는 실제로 이와 같은 삶을 살고 있습니다. 솔직히 말해

서 제가 이러한 꿈같은 생활을 시작할 수 있었던 이유는 돈보다 '부자의 사고방식'을 갖춘 덕분이었습니다. 이제, 이 사고의 비법을 여러분과 함께 나누려고 합니다.

"돈은 인생의 목적인가요? 아니면 수단인가요?"라고 물어보는 사람들이 종종 있는데, 돈은 자신이 이상으로 삼은 삶을 현실화하기 위한 수단에 지나지 않는다고 생각합니다. 만일 여러분이 보통 사람들처럼 평범한 삶을 사는 것에 만족할 수 있다면 필요 이상으로 돈을 벌 필요는 없을 것입니다. 그런데 지금 이 책을 읽고 있다는 것은 '현재의 생활에 딱히 불만은 없지만 지금보다 좀 더 많은 돈을 벌었으면 좋겠다'는 마음을 품었다는 뜻이겠지요.

사실 저는 예전에 극빈자 생활을 경험했고 비슷한 일도 여러 번 겪어서 여러분의 마음을 잘 이해합니다. '다음 달 집세를 낼 수 있을까?' 하는 생각과 이런저런 돈 걱정으로 잠들지 못한 적이 한두 번이 아니었으니까요.

부자와 가난한 사람의 차이는 도대체 무엇일까요? 인간이라면 누구나 한 번쯤 TV나 잡지를 보며 부자가 되기를 꿈꿉니다. 그러나 많은 사람들이 '자라온 환경과 타고난 재능이 다르니까 어쩔 수 없지' 하며 포기하죠. 물론 부유한 가정에서 태어났거나 젊을 때부터 탁월한 장사 수완을 발휘하는 사람들이 있습니다. 이렇게 정말로

운이나 환경과 밀접한 관련이 있는 것은 감히 흉내 낼 수도 없고 아무리 질투해봤자 소용없습니다. 하지만 이를 제외하고 능력만 따진다면 사실 부자와 가난한 사람 사이에 그다지 큰 차이가 없습니다. 제 주위에 있는 부자들을 봐도 마찬가지입니다.

　단언할 수 있는 이유는 지금의 저 역시도 돈에 쪼들리지 않고 이상적인 생활을 하고 있지만, 결코 제 자신이 남들보다 능력이 뛰어나다고 생각하지 않기 때문입니다. 저는 중·고등학생 때 집단 따돌림을 당해서 다섯 번이나 전학을 다녔고, 대학생 때는 은둔형 외톨이가 되어 두 번이나 중퇴했으며, 취직해서 사회 경험을 해본 적도 없습니다. 말하자면 과거의 저는 평범한 사회생활조차 못하는 인생의 낙오자였습니다. 능력 있는 사람은커녕 그 발끝에도 미치지 못하는 폐인이었죠.

　그랬던 제 인생이 어떻게 180도 달라질 수 있었을까요? 답은 간단합니다. 부자들이 갖추고 있는 돈에 관한 올바른 사고법, 즉 부자의 사고방식을 익혔기 때문입니다. 부자는 부자의 사고방식, 가난한 사람은 가난한 사람의 사고방식을 갖고 있습니다. 따라서 여러분도 사고방식만 바꾸면 반드시 부자가 될 수 있습니다.

　사고에는 행동과 현실을 바꾸는 강력한 힘이 있습니다. 사고란 인간의 뇌 속에서 끝나는 것이 아니라 행동의 근원이 됩니다. 동물로

서의 본능적인 욕구인 '게으름 피우고 싶다', '편하게 지내고 싶다', '곤란한 일에서 도망치고 싶다' 등과 같은 반사적인 행동을 억제하고 자기 자신을 다스릴 수 있는 것도 모두 사고 덕분입니다.

　저는 부자의 사고방식을 갖추면서 평소의 행동과 인간관계가 완전히 달라졌습니다. 날마다 돈을 불러들이는 힘을 연마하고 자극을 주는 사람들과 만나는 일이 점점 상승효과를 일으켜 이러한 사고방식은 더욱더 강화되었습니다. 그 결과 지금은 평생 돈 걱정을 할 필요가 없게 되었죠.

옛날 부자와 현대 부자의 차이

　옛날 부자와 현대 부자 사이에는 큰 차이가 있습니다. 옛날 부자의 주류는 '아카데믹 스마트 Academic Smart', 현대 부자의 주류는 '스트리트 스마트 Street Smart'로 종종 표현되는데 이것은 과연 어떤 의미일까요?

　예전에는 어릴 때부터 엘리트 교육을 받고 명문대를 졸업한 후 유명 대기업에 취직하거나 창업하는 것이 부자가 되는 주요 방법이었습니다. 즉 공부 잘하고 똑똑한 사람이 되어야 부자가 되는 길로 갈 수 있었는데, 이를 '아카데믹 스마트'라고 합니다. 물론 옥스퍼드대학교나 하버드대학교 등은 현재까지도 세계적인 엘리트 양성소

이며 전 세계의 자산가 자녀들이 모두 모여듭니다. 그 학교에 다니는 것이야말로 부자가 되는 가장 확실한 방법이라고 알고 있기 때문입니다. 단, 우리 같은 일반인에게는 문턱이 조금 더 높지요.

하지만 지금은 부를 만들어내는 방법이 그 외에도 얼마든지 있습니다. 다소 투박하더라도 자신의 아이디어나 기술, 경험, 열정을 전부 활용해서 사회에 부가가치를 줄 수 있는 존재가 되면, 다시 말해 혹독한 경쟁사회에서 살아남는 지혜와 사고방식을 갖추면 엘리트 교육을 받지 않더라도 돈을 끌어모을 수 있는 시대가 되었습니다. 그리고 그 부가가치를 얻는 사람(돈을 내는 사람)은 상대방의 직함 따위는 전혀 신경 쓰지 않습니다.

만일 여러분이 유복한 가정에서 태어나지도 않았고 엘리트 교육도 받지 못했다면 맨몸으로 부를 창출하는 '스트리트 스마트'를 목표로 삼는 것이 좋습니다. 바로 이것이 현대에 부자가 되는 가장 빠른 길이자 유일한 길입니다. 또한 현재 자신이 갖고 있는 가난한 사람의 사고방식을 버리고 책에서 주장하는 부자의 사고방식을 익히는 일이야말로 그 지혜를 연마하기 위한 첫걸음입니다. 부자의 사고방식을 받아들인 후에는 돈을 벌기 위한 기술을 향상시키고 이를 가능케 하는 인간관계를 구축하며 자신을 둘러싼 환경을 바꾸는 일에 온 힘을 쏟아야 합니다.

이 책에서는 돈을 부르는 사고법을 중심으로, 반드시 단련해야 하는 기술 및 인맥 형성 방법에 관해 제 경험담을 섞어가며 구체적으로 설명하겠습니다. 여기에 적혀 있는 내용은 누구든지 당장 오늘부터 실천할 수 있습니다. 인생 낙오자였던 저도 해냈으니 여러분이 못할 리 없습니다. 책을 몇 번씩 반복해서 읽고 본질을 충분히 이해하면 오히려 저보다 큰 부자가 될 가능성이 높습니다. 그것도 더 짧은 기간에 말이죠. 아무쪼록 이 책에서 소개하는 사고법을 일상생활에서 실천하기 바랍니다.

자, 어깨에 힘을 빼고 페이지를 넘겨서 서장부터 읽어보세요. 여러분이 이 책을 다 읽을 즈음에는 부자의 사고방식을 체화한 새로운 나로 분명 다시 태어날 것입니다. 그럼 후기에서 또 만납시다.

CONTENTS

제2장 부자의 인간관계

제3장 **부자의 자기 투자 기술**

제4장　## 부자의 부 설계도

빈털터리였던 내가
억만장자가 된 이유

연봉 5천만 원을 받아도 장래에 불안을 느끼는 시대

어느 날 회사원 A씨에게서 다음과 같은 이메일이 도착했습니다.

"저는 37세의 평범한 직장인입니다. 일반 대학을 졸업한 뒤 영업직에서 일하고 있으며 연봉은 약 5천만 원입니다. 30년 융자 상환으로 구입한 도쿄 근교의 자택에서 아내와 초등학교 6학년인 딸과 함께 살고 있습니다. 부모님 부양이나 아이 진학을 생각하면 곧 지금의 월급만으로는 생활이 어려울 거란 생각에 불안해집니다. 일단 부업이나 투자를 시작해 보고 잘 되면 독립할 계획도 세웠지만, 현재의 상태를 바꾸는 것이 무서워 앞으로 나아가고 싶어도 발이 떨어지지 않습니다. 도대체 무슨 일부터 해야 좋을지 모르겠습니다. 이구치 씨는 현재 성공하셨는데, 젊었을 때부터 일이 다 잘 풀리셨나요? 성공하게 된 전환점이나 당시의 이야기를 자세히 듣고 싶습니다."

A씨와 비슷한 사례로 고민하는 사람들이 상당히 많을 것입니다. 근속 연수에 따라 승진하는 시대도 아니고 경쟁이 심해진 세상에서 자신이 근무하는 회사가 언제 도산할지도 알 수 없습니다. 어느 날 갑자기 회사가 망해서 없어지더라도 생활을 꾸려나갈 수 있는 기술을 익힌 사람은 소수에 불과합니다.

저는 현재 사원 한 명과 단둘이서 연 매출 50억 원, 매출 총이익이 80%인 회사를 경영하고 있습니다. 또한 다섯 권의 책을 썼는데 그 중에서 베스트셀러도 나왔습니다. 물론 이런 상황이 갑자기 만들어진 것은 아닙니다. 저 역시 지금 이 자리에 이르기까지의 과정이 결코 순탄치 않았습니다. 오히려 실패의 연속이었습니다. '폐인' 취급까지 받았던 저는 어떤 일을 계기로 사고방식을 완전히 바꾼 결과, 단숨에 비약적으로 발전할 수 있었습니다.

이제 그 경위에 관해서 말씀드리려고 합니다.

실의에 빠진 채 뉴욕에서 귀국

2007년 1월. 당시 저는 미국 뉴욕에 있는 대학교에 다니고 있었습니다. 재학 기간은 3년 5개월로, 몇 달만 있으면 졸업할 수 있는 상황이었는데 생각지도 못한 큰 사건이 터지고 말았습니다. 비자 수속상의 준비가 미흡하다는 한심한 이유로 강제 송환된 것입니다. 결국 졸업도 하지 못한 채 오사카에 있는 본가로 돌아와야만 했습니다. 졸업 후 미국에서 창업하여 성공하고 싶다는 희망이 와르르 무너져 내린 순간이었습니다.

실의에 빠져 귀국했을 당시의 제 상태를 지금 돌이켜 보면 완전히 빈껍데기나 다름없었습니다. 마땅히 지낼 곳도 없어서 본가에서 온종일 웹서핑과 밥 먹는 일만 반복하며 방탕하게 살았습니다. 한마디로 은둔형 니트족*이었죠.

비싼 학비를 내쳤는데도 불구하고 대학교를 중퇴해서 니트족이 된 저를 바라보는 부모님의 시선은 차갑기 그지없었습니다. 부모님 입장에서는 당연한 일이었지요. 그런 방탕한 생활을 5개월이나 계속했더니 결국 어머니의 인내심이 한계에 달했습니다.

"너는 아무리 말해도 남의 말을 안 들어서 문제야! 더는 못 봐주겠으니까 네 멋대로 살아!"

지금 생각해 보면 당시의 전 현실에서 도망치고 싶었나 봅니다. 어머니에게 호되게 야단맞은 그날, 도쿄에 있는 한 친구에게 전화를 걸어서 사정을 설명하고 당분간 신세 좀 지자고 부탁했습니다. 그리고 간신히 승낙을 얻어서 다음 날 야간 버스를 타고 도쿄로 향

● 니트족은 Not in Education, Employment or Training의 줄임말로 학생이나 취업 준비생도 아닌 청년, 즉 일하지 않고 일할 의지도 없는 청년 무직자를 의미한다.

했습니다.

본가를 뛰쳐나왔을 때 전 재산은 고작 30만 원이었고, 당장 다음 달 생활도 불투명했습니다. 도쿄에서도 실패하면 더 이상 있을 곳이 없다고 절망할 정도로 절박했습니다. 그만큼 궁지에 몰린 상황이라서 도쿄에 거는 기대가 더욱더 컸습니다. 이 일이 바로 제 인생의 전환점이 된 사건입니다. 야간 버스에 올라탄 2007년 6월 15일. 몸과 마음이 긴장으로 가득한 하루였습니다.

그로부터 8년이 지난 지금, 저는 꿈이 한 번 무너졌던 미국에 살고 있습니다. LA로 본거지를 옮겨 새로운 무대에서 글로벌 비즈니스를 한창 진행하고 있습니다. 30만 원밖에 없었던 제가 지금과 같은 생활을 할 수 있으리라고는 상상조차 하지 못했습니다.

'돈, 연줄, 경험 전무(全無)'의 삼중고

친구 집에 얹혀산다고 해도 신세만 진 채로 지낼 마음은 전혀 없었습니다. 그래서 야간 버스에 몸을 싣고 도쿄에 도착한 날부터 창업 준비를 시작했습니다. 그러나 그때의 저는 대학교를 중퇴한 데다 사회 경험도 없는 애송이에 불과했습니다. 돈도 30만 원밖에 없었고 도쿄에서 의지할 수 있는 사람도 친구 한 명뿐이었습니다. 그야말로 돈도 없고 연줄도 없고 경험도 없는 삼중고에 시달린 것입니다.

이런저런 생각 끝에 유일한 무기인 영어를 활용해서 생활비를 모으기로 결심하고 영어 학습법 강연회를 주최했습니다. 첫 강연회에 참가한 인원은 고작 다섯 명이었습니다. 여유 자금이 있으면 광고비에 투자해서 효율적으로 수강생을 모을 수 있었겠지만 초기 투자에 돈을 쓸 수 있는 상황이 아니었습니다. 그래서 필사적으로 지인들에게 연락했고, 다섯 명을 모으는 것만으로도 굉장히 고생했습니다.

게다가 저는 사회 경험이 전혀 없는 신입 강사였기 때문에 처음에는 수강생들 앞에 서는 것만으로도 다리가 후들후들 떨리고 그들의 눈도 제대로 볼 수 없었습니다. 그러던 어느 날 한 수강생이 "이구치 씨는 앞으로 반드시 유명한 강연자가 될 거예요"라며 격려의 말을 해주었습니다. 한 치 앞도 볼 수 없는 상황에서 어떻게든 헤쳐 나가려고 열심히 노력하다가 마침내 한 줄기 빛을 발견한 것처럼, 그 수강생의 한마디는 눈물이 날 만큼 기뻤습니다.

무엇을 목표로 하든 첫 발을 내딛지 않으면 아무것도 달라지지 않고 아무 일도 일어나지 않습니다. 제가 절반은 포기하는 마음으로 집을 뛰쳐나온 것처럼 현재 상태에 대해 고민할 시간에 뭐든지 좋으니 일단 해 보는 게 낫습니다. 그러면 자기 자신의 또 다른 면을 찾을 수 있고, 다른 사람이나 좋은 기회와의 기적적인 만남을 기대할 수도 있습니다.

　창업을 비롯해 새로운 일을 시작할 때 가장 필요한 것은 사업 계획이나 자금, 인맥이 아닙니다. 바로 본인의 열정입니다. 뭔가 새로운 일에 도전할 때 많은 사람들은 할 수 없는 이유들을 적고 그 목록을 바라보며 '역시 무리겠지?'라는 결론에 도달하곤 합니다. 그렇지만 애초에 할 수 없는 이유가 아니라 할 수 있는 이유를 찾아야 합니다. 물론 현실은 열정만으로 움직일 만큼 만만치 않으므로 전략도 필요합니다. 만일 뭔가를 시작할 때 할 수 없는 이유가 있다면 '할 수 없는 이유를 할 수 있는 이유로 바꾸려면 어떻게 해야 할까?'를 먼저 생각해서 실행하세요. 불가능을 가능으로 바꿔야만 지금 자신이 서 있는 영역을 뛰어넘을 수 있습니다.

지옥 같은 만성 적자 상태

　영어 학습법 강연회는 조금씩이기는 하지만 궤도에 오르기 시작했습니다. 개최지가 많으면 수강생도 증가할 것이라는 생각에 도쿄뿐만 아니라 오사카에서도 강연회를 열었습니다. 비즈니스 성공담에 자주 등장하던 '성공하기 전까지는 고향에 발을 들여놓지 않는다'는 말이 한때는 멋지다고 생각했는데, 먹고살려면 그런 태평한 소리를 하고 있을 수가 없었습니다.

하지만 도쿄와 오사카에서 정기적으로 강연회를 주최하며 수강생을 모집하기란 정말로 힘들었습니다. 그 무렵에는 수입이 생겨도 그 돈을 다음번 강연회의 광고비로 지출하는 상황이었습니다. 지금은 무료로 이용할 수 있는 광고매체가 많지만 당시는 페이스북 등의 SNS나 유튜브 같은 동영상 사이트, 블로그가 비즈니스에 활용할 수 있을 만큼 일반화되어 있지 않은 시절이라서 홍보하려면 반드시 돈을 들여야 했습니다.

애당초 사업이 만성 적자 상태에 빠진 원인은 비즈니스 초심자였던 저에게 마케팅 능력, 즉 수강생을 모으는 힘이 결정적으로 부족했기 때문이라는 사실을 이때 깨달았습니다. 그래서 저는 발상을 달리해 보기로 했습니다. '내가 마케팅 초보자라면 그 방면의 전문가를 찾으면 되지 않을까?' 하고 말이죠. 발상과 목표가 달라지자 행동도 달라졌습니다. 마케팅 전문가를 찾기 위해 다양한 모임에 얼굴을 내밀며 다니던 중 저의 첫 비즈니스 파트너인 K씨와 만났습니다. 동갑이지만 저보다 창업 경력이 길었고 사원도 일곱 명이나 거느리고 있는 경영자 선배였으며, 가장 잘하는 일은 고객 모집과 판매였습니다. 확실히 제가 찾던 마케팅 전문가에 딱 맞는 인물이었습니다.

K씨와 파트너가 된 지 몇 달 후 생각지도 못한 일이 일어났습니

다. 평소 알고 지내던 세계적인 프로모터promoter •가 제게 연락을 해 온 것이었습니다. "이번에 싱가포르에 유명한 강연자가 오는데 일본에서 참가할 사람을 모집해 주세요." 저는 이 일이야말로 난관을 돌파할 수 있는 기회라고 직감했습니다. 그래서 이 일에 인생의 모든 것을 걸기로 결심하고 즉시 K씨에게 연락해서 함께 해외 이벤트를 성공시키자고 제안했습니다. 그 역시 "좋아요. 합시다!"라고 그 자리에서 흔쾌히 제안을 받아주었습니다.

그때까지 모아놓은 돈은 거의 제로에 가까웠습니다. 자금원도 없고 세미나까지는 불과 두 달도 채 남지 않은 상황이었습니다. 게다가 그 프로모터가 제시한 보수에는 조건이 있었습니다. 만약 적자가 나면 저도 책임을 져야 한다는 것이었죠. 하지만 저는 이 말에 오히려 각오를 단단히 다질 수 있었습니다. 마치 화재 현장에서 발휘하는 것 같은 엄청난 힘을 말입니다. 사람은 궁지에 몰리면 몰릴수록 집중력과 실행력을 크게 발휘하는 법이니까요.

시작은 아주 엉망이었습니다. 이대로 가다가는 빚을 몇 천만 원이나 떠안게 되겠다는 생각에 좀처럼 잠들지 못하는 날도 있었습니다. 하지만 그 불안감을 떨쳐버리기 위해 매일매일 영업 비법이

• 각종 행사들을 기획·주최하는 사람.

담긴 CD를 듣고 전설의 영업 사원으로 불리는 사람들의 책을 닥치는 대로 읽었습니다. 신은 필사적으로 노력한 저를 저버리지 않았습니다. K씨와 힘을 합친 덕분에 무사히 이벤트를 성공시켰고 얼마 안되지만 작은 이익도 낼 수 있었습니다. 처음으로 비즈니스의 참맛과 나 스스로가 살아 있다는 감각을 느낀 순간이었습니다.

인재 양성 비즈니스를 하며 살아가기로 결심하다

창업한 지 1년 후인 2008년, 저는 K씨와 함께한 프로젝트를 일단 종료하고 새로운 일에 부딪쳐 보기로 했습니다. 솔직히 금전적인 불안 요소는 여전히 남아 있었습니다. 아무리 해외 이벤트를 성공시켰다고 해도 3개월이 지나니 재무 상황이 점점 악화되어 돈이 바닥났기 때문입니다. 안정적인 수입을 확보하려면 그때까지 해온 대로 영어 강연회를 계속 열거나 K씨와 함께 고객 모집 비즈니스를 지속하는 편이 나았을 것입니다. 하지만 그 무렵 제 안에서는 강연자로서의 경력을 쌓고 싶다는 마음이 날로 커져 갔습니다.

그러던 중 코칭을 접하게 되면서 코칭 능력을 갖춘 강연자가 되어 나의 말로 사람을 성장시키는 일을 하자고 생각했습니다. 제 미래를 상상해 보니 그 분야에서 성공한 모습이 명확하게 그려졌습니다. 한 줄기의 빛이 보인 순간이었습니다. 성공한 모습을 떠올린 날부터 코칭에 관해 완벽하게 연마하기로 결심했고, 3개월 동안 백 명이 넘는 사람들과 함께 시간을 보냈습니다.

일단 경험을 쌓는 것이 성장을 위한 지름길입니다. 탁상공론으로는 지식이 늘더라도 경험은 늘지 않습니다. 그만큼 많은 경험을 쌓았더니 기술이 자연스럽게 향상되었고 클라이언트도 많아졌습니다. 영어 강연회를 했을 때와 마찬가지로 조금씩이기는 하지만 확실히 성공한 보람을 느끼기 시작했습니다.

내 나름의 결의 표명

2008년 여름, 처음으로 직원을 고용한 저는 둘이서 시행착오를 겪으며 코칭을 중심으로 사업을 경영해 나갔습니다. 그 무렵 저축한 금액이 천만 원에 달하자 그 돈으로 도쿄의 고급 맨션으로 이사했습니다. 월세는 180만 원이나 되었고 저축도 다시 0원에서 시작해야 하는 상황이라 집세를 확실히 마련하려면 일에 더욱더 몰두하는 수밖에 없었습니다. 이는 제 나름대로 스스로에 대한 결의를 표명한 것이었습니다.

대체로 고급 맨션에 살면 의식도 조금 달라지므로 자신의 기준을 높일 수 있습니다. 사람이 늘 성장하는 동물이라고 한다면 저는 다음 단계에 억지로 기어올라 본 것과 다름없었죠. 결과적으로 이 결단은 성공적이었습니다. 또 고급 맨션에 살면 대인관계에도 변화가 생깁니다. 일상적으로 부자들과 접하면서 그들만이 갖는 감각이나 사고, 행동을 배울 수 있습니다. 역설적이지만 부자가 되고 싶다면 돈을 내서라도 부자와 만날 기회를 늘리는 것이 중요합니다.

참고로 강연자의 자격으로 처음 참석한 세미나에는 세계 최고의 멘토들이 가르쳐준 것을 집대성했다는 자부심을 품고 갔습니다. 하고 싶어 했던 일을 할 수 있게 되어 세미나 전날에는 흥분한 나머지 잠을 설치기도 했습니다. 결과적으로는 큰 성황을 이루었고 마지막 날 세미나가 끝난 후에는 눈물을 보이며 감사 인사를 하는 사람도 있었습니다. 인생에서 가장 큰 성취감을 얻은 순간이었습니다. 그날은 집에 돌아와 홀로 기쁨의 눈물을 흘렸습니다.

인생 최대의 좌절

해가 바뀌어 2009년이 된 후에도 비즈니스의 상승세는 그칠 줄 몰랐습니다. 연 매출이 10억 원을 넘었고 사원은 네 명으로 늘어났으며, 아오야마靑山 지역에 사무실을 낼 정도가 되었습니다. 하지만 다음 단계로 빨리 가고 싶다는 생각이 가득한 나머지 냉정한 판단력이 흐려졌습니다.

어느 날, 사업에 성공해 세계적으로 유명해진 사람이 주최하는

28

프로그램을 발견했습니다. 참가비만 해도 6500만 원이었고 경비 등을 합치면 총 1억 원이나 하는 고액 프로그램이었습니다. 금액이 커서 많이 고민했지만, 인생 낙오자 출신의 제가 인생을 바꾸려면 평범한 방식으로는 어딘지 부족하다는 생각이 들어 참가하기로 결정했습니다.

그러나 현실은 만만치 않았습니다. 고액 프로그램에 참가한 탓에 회사의 자금 운용이 악화되었고, 자기 계발에만 열중한 나머지 사원과의 소통도 소홀해졌습니다. 엎친 데 덮친 격으로 강연회에 수강생이 생각만큼 모이지 않아서 결국 적자를 내고야 말았습니다. 더 최악의 사태는 갑자기 일어났습니다. 사원 네 명이 모두 "이구치 씨와는 더 이상 함께 일하지 못하겠으니 그만두겠습니다"라는 말을 남기고 회사를 떠난 것입니다.

그때까지 앞으로 나아가는 일 외에는 아무것에도 관심이 없던 저에게는 너무나도 큰 사건이었습니다. 내 존재를 부정당했다는 생각에 충격을 받아서 억울했고, 스스로가 한심하고 서글프고 안타까워 견딜 수 없었습니다.

부활의 시기
결국 창업한 이후 또다시 외톨이가 되었습니다. 하지만 후회만

한들 아무 일도 일어나지 않습니다. 예전에 본가에 틀어박혀 지내던 나약한 모습은 야간 버스 안에 버리고 왔으니 어떤 상황에서든 앞으로 나아가는 수밖에 없었습니다. 이 일을 계기로 코칭 이외의 비즈니스에 관한 각종 세미나와 스터디에 참가했습니다. 우쭐해서 자만해졌던 저는 초심으로 돌아가 비즈니스를 처음부터 다시 공부하기 시작했습니다.

그 결과 비즈니스의 어느 영역이든지 '시대의 흐름을 읽고 가장 필요한 방식을 잘 다루면 비즈니스를 가속시킬 수 있다'는 법칙이 존재하는 사실을 깨달았습니다. 바꿔 말하면 시장은 '지금의 시대를 살아가기 위한 지혜'를 간절히 원한다는 뜻입니다. 그래서 저는 사람마다 본인이 갖고 있는 경험과 지식을 방법화해서 이를 코치, 세미나 강사, 저자, 웹마케터의 자격으로 다른 사람에게 가르치는 '전문가'라는 직업을 육성하는 일을 주된 사업으로 하기로 결심했습니다.

결과적으로 이전의 실적을 훨씬 뛰어넘는 성과를 거두었습니다. 업계 내에서도 저에 대한 평가가 달라지기 시작해서 함께 일하고 싶다는 파트너도 생겼고 업계 최고의 자리에 올랐습니다. 부족한 부분을 자각하고 겸손한 자세로 다른 사람에게 배우는 행동을 익힌 덕분에 다시 한 단계 위로 올라갈 수 있었습니다. 혼자의 힘은 그리 대수롭지 않습니다. 부자든 가난한 사람이든 사장이든 평사원이든 거기에는 큰 차이가 없습니다.

최악의 어려움이야말로 인생 최대의 선물이다

지금의 저는 인생에서 일어날 수 있는 수많은 어려움과 과제야말로 그 사람을 성장시키려고 하늘이 내려준 최고의 선물이라고 믿고 있습니다. 사원이 모두 그만둔 사실을 자기 부정으로 받아들이면 그 시점에서 패배한 것과 다름없습니다. 반대로 같은 일에 대해 '지금까지 해온 행동이나 사고법을 어떻게 진지하게 반성할 수 있는가?', '실패를 두 번 다시 겪지 않는 자신으로 성장할 수 있는가?', '실패에서 얼마나 많이 배웠는가?' 같은 질문들에 답을 할 수 있다면 그 후의 인생은 완전히 달라질 수 있습니다.

경영에서뿐만 아니라 사람은 누구나 살면서 뜻하지 않은 사태에 말려들거나 통한의 실수를 저지릅니다. 때로는 자기 자신조차 믿기 어려워하는 경우도 있습니다. 인생에서 직면하는 일에 어떤 의미를 부여하고 어떤 행동을 취하느냐는 전부 본인의 사고에 달려 있습니다. 일어난 일은 피할 수 없더라도 어떻게 생각할지는 자신의 의지로 바꿀 수 있습니다. 이 사실을 절대로 잊지 말기 바랍니다.

제1장

부자의 사고방식

돈을 사랑하는 것만으로는 부자가 될 수 없다.

- 유태인 격언

POORMAN

VS

RICHMAN

가난한 사람은
교과서를 바탕으로
장사를 생각한다.

부자는
실제 사회를 바탕으로
장사를 생각한다.

항간에 넘쳐나는 이른바 '부자 되는 방법'들을 보면 대부분이 시대착오
적이거나 시야가 좁은 사고 천지입니다.

부자에 대한 시대착오적인 사고

"반드시 흑자를 내는 기업에 입사해서 출세해야 돈을 벌 수 있어. 그러기 위해서는 남들보다 한 가지라도 더 많이 공부하고 경험해야 해."

일본에서는 돈을 벌고 싶으면 명문 대학을 졸업해서 대기업에 들어가 엘리트가 되어야 한다고 생각합니다. 이를 '아카데믹 스마트'라고 합니다. 쉽게 말하면 교과서적이라는 것이고 조금 심하게 말하면 이론은 풍부한데 행동이 따르지 않는다는 뜻입니다. 원시적인 장사의 형태인 물건 판매도 교과서적인 발상이라는 점에서 기존의 부류에 들어갑니다. 상품을 싸게 사들인 뒤 비싸게 되파는 방법은 위험성이 적은 만큼 경쟁 상대가 많습니다. 그런 탓에 서로 박리다매를 추구하다가 가난을 면치 못하는 상태가 되는 경우가 많죠. 물론 아카데믹 스마트가 나쁘다는 말은 아닙니다. 경쟁사회에 뛰어들어서 최고의 자리에 오르면 돈이 많이 들어옵니다. 하지만 문제는 그 자리에 오를 수 있는 사람이 극소수에 불과하다는 점입니다.

대부분의 사람들은 돈벌이를 고려하다가도 '고졸이다', '남들과의 대화가 서투르다', '숫자에 약하다', '나에게 투자할 시간과 돈이 없다'라는 식으로 여러 가지 열등감에 사로잡혀서 시작해보지도 않고 포기합니다. 이런 자세는 시대착오적인 사고에 지배당하는 사람이 빠지기 쉬운 문제점입니다. 이 사고에는 또 다른 중대한 결점이 있는데, 교과서적인 돈벌이의 구조가 지금 시대에는 잘 통하지 않는다는 점입니다. 생각해 보면 당연합니다. 교과서에 실린 법칙은 이미 과거의 실적으로부터 이끌어낸 결과에 지나지 않기 때문입니다. 범용성은 있을 수 있지만 급속하게 변화하는 시대에는 효과가 거의 없다고 볼 수 있습니다.

요즘 시대 부자들의 사고

"조직이나 형식에 얽매이지 않고 시대가 요구하는 정보를 내가 직접 만들어내면 돈을 벌 수 있어."

즉, 자신이 살고 있는 사회에서 소비자가 정말로 원하는 상품을 판매하는 일에 주력하면 된다는 사고입니다. 아무리 공부를 잘한다 할지라도 실제 사회에서 반드시 성공하는 것은 아닙니다. 이 사고방식을 아카데믹 스마트와 반대되는 개념으로 '스트리트 스마트'라 부릅니다. 여기에는 교과서에서 결코 배울 수 없는 최첨단 아이디어나 경쟁에서 승리하기 위한 교활한 방법, 격동의 시대를 헤쳐 나가는 생존 기술 등이 포함되어 있습니다. 기존의 사고와 크게 다른 점은 소속된 조직에서 돈을 받는 게 아니라 자기 자신의 아이디어와 기술, 노하우를 이용해서 사회에 가치를 부여하고 스스로 돈을 벌어들이는 자세를 취하고 있다는 점입니다. 이것이 가장 큰 특징입니다.

IT 업계를 보면 이해하기 쉬울 것입니다. 시대의 총아로 주목받는 튼튼한 기업이 젊은 벤처 기업에 뒤처지는 경우를 종종 볼 수 있습니다. 벤처 기업일수록 더 매력적인 상품을 만들어낼 수 있는 이유는 벤처 기업 자체가 지금 시대가 요구하는 것을 먹고 탄생했기 때문입니다.

교과서적인 발상이나 진부한 가치관에 얽매이지 않고 열정과 참신한 아이디어를 가진 사람들은 '시장이 없으면 내가 직접 만들자'는 마음으로 사업을 일으키기 때문에 큰 부를 얻을 수 있습니다. 부자를 목표로 한다면, 꼭 고용되어 일해야 한다는 고정관념을 버리고 자신의 힘으로 시장을 만들어내기 위한 아이디어나 기술을 갈고닦는 일에 집중해야 합니다.

가난한 사람은
타인을 이용하고
자신을 가장 중요시한다.

부자는
인간관계야말로
'최고의 자산'이라고 인식한다.

사람의 욕구는 끝이 없습니다. 매년 수입이 일정한 사람은 그다지 욕심
이 많지 않습니다. 하지만 어느 날 갑자기 연봉이 3천만 원에서 5천만
원으로 올라가면 이상하게도 더 많은 돈을 원하기 시작합니다. 예전의
저 역시 그랬는데, 평소 언론을 통해 세뇌된 탓일 수도 있습니다. 이렇
듯 가난한 사람일수록 돈 자체를 추구하는 사고를 갖기 쉽습니다.

실패하는 창업자의 사고

"돈은 인생 최대의 목표야. 돈을 벌려면 이용할 수 있는 사람은 있는 대로 이용해서 수입을 늘리고, 평소 지출을 줄이는 일에 전념해야 해."

돈 자체를 최우선으로 생각하는 사람은 사업 파트너와의 관계도 한 번으로 끝나는 경우가 많습니다. 사람들은 '돈벌이에 악착같다', '너무 인색하다'고 느껴지는 상대와 굳이 일하고 싶어 하지 않기 때문입니다. 비즈니스 세계에서 비용을 의식하는 것이 기본이기는 하나 비용만을 추구하는 것은 옳지 않습니다. 단기적으로 돈을 벌 수 있을지 모르겠지만 장기적으로는 돈을 벌 수 없습니다. 비용만 의식하다 보면 사람들이 조금씩 떠나가고 주변에는 당신의 돈을 노리는 하이에나 같은 사람들만 남을 가능성이 높아집니다.

이는 비즈니스 현장에만 해당되는 이야기가 아니라 친구나 동료와의 관계, 그리고 연애관계에서도 마찬가지입니다. 돈을 가장 중요하게 여긴다는 것은 머릿속으로 인간관계보다 자기 자신을 지키기위한 방법을 우선시한다는 뜻입니다. 상대방보다 내가 더 소중하다는 노골적인 태도로는 좋은 인간관계를 구축할 수 없습니다.

돈이 필요하다고 느끼는 것은 향상심의 표현입니다. 만일 그 향상심이 목적으로 바뀌었다 해도 나쁘다고 할 수는 없습니다. 하지만 돈이 필요한 나머지 남을 속이거나 상대방의 존엄을 훼손하는 행동을 하면 절대로 안 됩니다. 만일 그런 행동을 저질렀다면 이는 돈에 휘둘리고 있다는 증거입니다.

성공하는 창업자의 사고

"큰 부는 좋은 인간관계를 구축한 성과물이야. 그러나 인간관계를 잘 유지하기란 돈을 버는 일보다 훨씬 더 어려워. 그러므로 사람들과 어울리기 위해 고생하거나 돈을 쓰는 일은 조금도 마다하지 않아야 해."

부자가 되는 사람은 돈보다 대인관계를 중요하게 여깁니다. 적을 만들지 않겠다는 보신적인 동기 때문이 아니라 비즈니스에서 성공하려면 동료를 늘리는 일이 가장 중요하다는 것을 경험상 알고 있기 때문입니다. 평소에 대인관계를 중요시하면 자신이 모르는 세계에 관해 배우거나 어려움에 직면했을 때 용기를 얻거나 지금 필요로 하는 사람을 소개받는 등 다양한 형태로 도움을 받을 수 있습니다. 이런 지원군 없이 안정적으로 큰 부를 얻기란 매우 어렵습니다. 참고로 의리를 지키고 상대방에게 성심성의껏 대접하는 등 언뜻 보기에 일본적이라 여겨지는 미덕은 제가 좋은 관계를 유지하고 있는 해외의 부유층들도 모두 갖추고 있습니다. 오히려 일본인보다 더 예의를 중시하는 사람도 많습니다.

좋은 인간관계를 구축하려면 상대방에게 가치를 계속 제공해야 합니다. 기브 앤 테이크give and take와 같은 손익계산은 잊어버리세요. 지속적으로 가치를 제공하고 신용을 쌓아나가면 그들은 당신이 도움을 필요로 할 때 반드시 손을 내밀어줄 것입니다. 결과가 바로 나오지 않을 수 있지만 사람들과 계속 만나면서 좋은 동료를 찾기 바랍니다. 돈은 나중에 반드시 따라옵니다. 인간관계야말로 최고의 자산임을 잊지 마세요.

가난한 사람은
성과주의에
찬성한다.

부자는
성과주의에
반대한다.

"실력 위주 사회가 된 지금은 개개인의 능력이 더 중요하다."
연공서열과 종신 고용 제도가 붕괴된 요즘 자주 듣는 말입니다. 그러나
이상하게도 대부분의 사람들은 여전히 생활비를 벌기 위해 회사에 다
니는 쪽을 매우 당연하게 선택합니다.

가난한 영업 사원의 사고

"이제 성과주의 시대가 되었으니 교섭력과 프레젠테이션 능력을 좀 더 갈고닦아 계약도 척척 따내고 월급도 왕창 벌어야지!"

확실히 이 영업 사원은 지금까지보다 더 많은 계약을 따내서 연봉을 두 배로 올릴 수 있습니다. 하지만 어차피 사원일 뿐이므로 특수한 업계를 제외하고는 경영자보다 돈을 더 많이 벌 수는 없죠. 그러한 점에서 부자가 되기에는 아직도 멀었습니다. 또한 이 영업 사원은 자신의 능력을 연마해야 하는 중요성을 깨달았음에도 불구하고 활동 범위를 회사로 한정하는 문제를 지녔습니다. 사회 보장이나 집세 보조 등 회사가 베풀어주는 혜택을 과감히 버릴 각오가 약하기 때문에 회사에 연연하는 것입니다. 이런 사람은 사고 자체가 가난하다고 할 수 있습니다.

대기업이 성과주의를 도입하는 의도는 표면상으로 사내에 경쟁을 부추겨 사원들에게 일할 의욕을 불러일으키는 것이지만, 현실적으로는 인재 유출을 방지하려는 측면이 큽니다. 성과를 내는 사람일수록 부적절한 대우를 받으면 독립을 생각하므로, 사원을 독립시켜서 경쟁 상대를 늘릴 바에야 차라리 돈을 많이 주고 회사 내에서 활약하게 하는 편이 상대적으로 돈이 덜 들기 때문입니다.

또 무섭게도, 성과주의를 도입하는 기업은 부지불식간에 사원에게 '결과(돈)가 가장 중요하다'고 세뇌시킵니다. 회사는 이익을 내기 위해 존재하므로 예컨대 '의리를 지키기 위해 할인합니다'라는 식의 부자 사고는 회사에 대한 배임 행위로 배제됩니다. 장기적으로 볼 때 이러한 자세가 마이너스라는 사실을 깨닫지 못한 채 말이죠.

결과적으로 성과주의를 도입한 회사에서 일하는 사람은 자신들의 이익을 최우선으로 하며 타인에게서 그것을 빼앗는 일이 당연하다는 가난한 사람의 사고를 하게 됩니다. 회사에서 근무하는 동안 회사의 노예이며 성과가 가장 중요하다고 여긴다는 점에서 성과의 노예로 전락합니다. 지금 시대에서만 볼 수 있는, 형태를 바꾼 노예제도가 여전히 남아 있는 것입니다.

부자 영업 사원의 사고

"드디어 능력이 중시되는 시대가 왔구나. 하지만 이익만 추구하는 회사의 방침은 이해할 수 없어. 그래, 이번 일을 계기로 독립해서 내가 길러온 영업 기술을 다른 사람들에게 전수하는 사업을 해 보자!"

부자가 되고 싶다면 일반적인 경로를 벗어나는 것이 중요합니다. 평범한 경로로 계속 나아가봤자 작은 성공을 거둘 수는 있어도 큰 성공은 거둘 수 없습니다. 반면 경로를 벗어나면 다른 많은 사람들과의 차별화를 노릴 수 있고, 경우에 따라서는 독자적인 시장을 손에 넣을 수도 있습니다.

또한 다른 사람에게서 착취하는 것이 아니라 '어떻게 하면 다른 사람에게 가치를 부여하고 발상을 전환시킬 수 있을까' 하는 생각 역시 부자와 가난한 사람의 차이입니다. 진정한 부자는 다른 사람에게서 빼앗아 성공하는 성과주의를 절대로 따라가지 않습니다.

물론 부자가 되려면 고용인의 태도를 버리는 것이 가장 중요합니다. 수동적으로 일하기보다 적극적으로 일하는 사람이 되어야 합니다. 어떤 사람의 인생이 더 즐거울지 묻는다면 당연히 적극적으로 일하고 가치를 제공하는 사람이 아닐까요?

가난한 사람은
타인이 만들어낸 가치를
따라간다.

부자는
자신의 가치를 높여서
부를 얻는다.

세상은 대기업에 취직하거나 어려운 자격시험에 합격하는 일 등에 찬사를 보냅니다. 몇 십 대 일, 몇 백 대 일의 경쟁을 돌파하는 일은 솔직히 훌륭합니다. 거기에는 눈물겨운 노력이 있었을 테니까요. 하지만 조금 냉정하게 생각해 보면 취직한 회사나 자격증은 그 자체로 아무런 가치를 만들어내지 않습니다. 굳이 말하자면 대기업 직원이나 의사와 같은 직업은 미팅할 때 인기가 좋을 뿐입니다.

가난한 사람의 사고방식을 가진 학생의 사고

"결국 사람의 가치는 회사 간판과 직함이 결정해. 앞으로 좋은 차를 타고 예쁜 아내와 함께 살려면 취직 활동에 힘써야겠어!"

명확한 비전을 이루기 위해 특정 기업에 입사하거나 자격증을 따는 일은 매우 훌륭합니다. 하지만 그냥 분위기에 휩쓸려서 그 자체를 목표로 하는 거라면 아무 의미가 없습니다. 요즘 대기업 간판만 있으면 만사 오케이라는 사고방식은 역사박물관에 진열하고 싶을 만큼 진부한 생각입니다. 물론 대기업에 입사하면 회사에 대한 사회의 신용도가 높은 만큼 인생을 순조롭게 진행할 수 있습니다. 그러나 그 신분에 안주하여 자기 계발을 게을리 하면 본인의 능력이나 신용도는 떨어지기 마련입니다. 자격증도 마찬가지입니다.

결국 회사나 직함에 의지하는 것은 타인에게 의존하는 삶에 불과합니다. 어떤 의미로는 어쩔 수 없는 일이기도 합니다. 일본의 육아 및 교육 방침이 장점을 키우는 것이 아니라 단점을 교정하는 쪽으로 행해졌기 때문입니다. 밑바탕에는 평준화 사상이 깔려 있기 때문에 사회에 나간 순간 자신감을 가지려고 해도 쉽지 않습니다.

또 자격증에 관해서는 결국 자격증을 발행하는 측이 돈을 버는 구조로 되어 있다는 점을 잊으면 안 됩니다. 의사면허증이나 운전면허증 같이 사람의 생사에 관한 국가 자격증이라면 몰라도, 특정 기업이 인정하는 자격증을 따기 위해 열정을 쏟아붓는 행동은 의미가 없다고 생각합니다. 다른 사람이 만들어낸 가치는 어차피 자신의 가치와 동등하지 않기 때문입니다.

부자의 사고방식을 가진 학생의 사고

"지위 따위는 아무래도 상관없어. 그래, 아직 학생이라고 해서 경영자와 교류하지 못한다는 법도 없잖아? 좋았어! 지금 시간 있을 때 인맥을 만들고 기술을 향상시켜서 졸업 전에 창업해야지."

부자가 되고 싶다면 기술을 습득하거나 인간관계를 구축하는 일에 시간과 돈을 집중적으로 투자해야 합니다. 요즈음은 편의점에서도 싸고 맛있는 커피를 쉽게 마실 수 있는 시대임에도 불구하고 최고급 호텔에 가면 당연하다는 듯이 커피 한 잔에 만 원은 받습니다. 그런데도 사람들이 호텔 커피에 만 원을 내고 마시는 이유는 무엇일까요? 최고급 호텔에서 제공하는 질 높은 서비스와 공간에 대한 만족도에 합당하다고 생각해서 돈을 내는 것이지, 호텔 이름 때문에 돈을 내는 것은 아닙니다.

이제는 타인이 만들어낸 가치가 아니라 자신의 가치를 높이며 타인에게 신용을 얻을 수 있는 분야에 투자하세요. 간판이 없어도 경쟁할 수 있는 사람이야말로 부자가 될 수 있습니다.

가난한 사람은
타인이 정답을 알려준다고
생각한다.

부자는
직접 정답을 생각해내는 일에서
가치를 찾는다.

사람의 인생은 그 사람이 지금까지 내려온 수많은 결단의 연속으로 성립됩니다. 그러면 부자와 가난한 사람이 결단하는 방법은 어떻게 다를까요?

가난한 사람이 슈퍼마켓에서 하는 사고

"어디 보자. 지금 이 아이스크림을 구입하면 한 개를 더 주는구나. 게다가 오늘만 하는 행사네? 좋아, 사자!"

주위에서 쉽게 볼 수 있는 사례라 송구스럽지만 이런 경우가 자주 있을 것입니다. 가난한 사람은 당장의 손익계산으로 행동이 좌우되는 경향이 매우 강합니다. 애초에 판단을 내릴 때 명확한 가치 기준을 갖고 있지 않기 때문입니다. 가치 기준은 다른 말로 하면 사고의 축입니다. '지금 나에게 반드시 필요한가?', '사지 않았을 때의 불이익은 무엇인가?', '원래 아이스크림 구매를 고민할 필요가 있었나?' 등이 그 축인데, 이를 바탕으로 판단하는 행동이 바로 정답을 도출하는 방법입니다. 사고의 축이 없는 사람은 충동적으로 판단하거나 반대로 한 가지를 결정하지 못해서 끙끙거립니다(분명 본인은 왜 고민하는지 파악조차 하지 못하지만).

그 결과, 판단의 실수를 범할 확률도 높아집니다. 근본적으로 학교 시험에는 정답이 있지만 인생에는 정답이 없습니다. 비즈니스 세계도 마찬가지입니다. 판단의 실수였는지는 결과를 봐야만 알 수 있습니다. 그래서 비즈니스가 재미있고 무한한 가능성이 있다고 말하는 것입니다. 하지만 대부분의 사람들은 그 사실을 깨닫지 못해서 사회에 나간 후에도 답을 찾아다닙니다. 실제로는 정답이 없는데도 반드시 정답이 있다고 생각하기 때문에 제조회사나 소매점의 전략에 쉽게 넘어가며 다른 사람이 의견을 말하면 맹목적으로 따릅니다. 이를테면 상사가 영업 사원의 마음가짐을 가르쳤다고 합시다. 가난한 사람의 사고방식을 가진 사람은 아마도 '답을 구했다! 신난다!'고 생각할 것입니다.

대부분의 사람들은 답을 따르는 일이야말로 자신이 성과를 낼 수 있는 유일한 방법이라고 확신합니다. 그러나 이 세상 어디를 가더라도 '반드시 성공하는 영업 방법' 따위는 존재하지 않습니다. 상사의 방법이라 해도 시대에 뒤떨어질 가능성이 높습니다. 그 방법을 정답이라고 굳게 믿은 채 움직이지 않는다면 자기 나름의 영업 방법을 구축해나가려는 노력을 포기하는 것과 같습니다. 이래서는 성장을 바랄 수 없습니다. 바꿔 말하면, 정해진 답이 없다는 사실을 아는 것이야말로 자신의 길을 개척해나가는 계기가 됩니다. 다른 사람에게 정답을 얻을 바에야 차라리 직접 나서서 도전과 실패를 거듭해 보는 편이 훨씬 유익합니다.

부자가 슈퍼마켓에서 하는 사고

"1+1 행사를 또 하는구나. 매입 가격과 재고 처분을 생각하면 이제 놀랍지도 않네. 하지만 나는 애초에 다이어트 중이니까 이런 설탕 덩어리는 생각할 필요조차 없지. 맛있는 채소나 빨리 사러 가야겠다."

자기 자신에게 사고의 축이 있으면 판단을 할 때 전혀 흔들림이 없습니다. 가난한 사람만이 눈앞에 있는 당근을 잡기 위해 앞으로 나아갈 뿐입니다. 부자의 사고방식을 가진 사람은 '당근보다 더 원하는 것들이 따로 있으니 당근은 필요 없어'라고 확실히 말할 수 있습니다.

부자는 사고의 축과 목적의식을 토대로 가설과 검증을 거쳐 목적에 한 걸음 더 다가가기 위해 가장 정답에 가깝다고 여기는 쪽으로 결단을 내립니다. 올바른 결단을 내리려면 젊을 때부터 판단력과 문제해결능력을 연마하는 노력을 아끼지 말아야 합니다. 선인들의 지혜를 활용하는 것도 성공으로 가는 지름길이므로 독서나 조언을 통해 적극적으로 배우기 바랍니다. 그리고 다른 사람의 의견에 의존하는 것은 사고의 축이 확고히 자리잡지 않았다는 의미이 므로 어떤 경우라도 최종적인 판단은 자신이 직접 내리는 습관을 익히도록 합시다.

가난한 사람은
그날의 근무 시간을
돌이켜본다.

부자는
그날의 일의 성과를
돌이켜본다.

'아침부터 밤까지 바쁘게 일만 하는데도 월급은 전혀 오르지 않네…….'
대부분의 회사원들은 이와 비슷한 고민을 할 것입니다.

가난한 회사원의 사고

"이번 달 근무 시간은 240시간, 실수입은 200만 원. 시급으로 환산하면 8330원 정도네. 뭐야, 차라리 편의점에서 아르바이트를 하는 편이 더 낫겠는데?"

아무리 뚫어지게 쳐다본다 한들 돈이 늘어나는 것도 아닌데 본인의 급여명세서를 바라보다가 무심코 계산기를 꺼내서 시급으로 환산해 본 사람이 많을 것입니다. 그걸 보고 매우 불합리하다고 딱 잘라 말할 수 있는 자신감이 있다면 회사와 직접 담판을 짓거나 이직을 준비할 수 있는 지표가 되므로 유익하지만, 대부분의 사람들은 '회사원이 아르바이트생과 똑같은 시급을 받아서는 안 되니 시급 2만 원으로 계산하면 한 달에 480만 원 정도는 받아야 하잖아?'라고 전혀 근거 없는 푸념만 늘어놓습니다.

이 사고에는 사람은 가치를 만들어내는 대가로 보수를 받는 존재라는 관점이 빠져 있습니다. 회사원은 아침에 출근해서 정시까지 자신의 책상 앞에 앉아 있기를 요구받는 것이 아니라, 직접적이든 간접적이든 어떤 식으로든 회사에 이익을 가져올 것을 요구받습니다. 아르바이트생이 아니라 회사원이 된 이상 이 회사는 내가 키우겠다고 할 정도의 경영자 마인드를 가져야 합니다.

월급이 오르지 않는 이유는 세 가지로 생각할 수 있습니다.

① 본인이 이익을 창출하지 않는다.
② 회사 전체가 이익을 창출하지 않는다.
③ 회사는 이익을 창출하는데 경영자가 착취하고 있다.

이 중 ①의 경우에는 해고되지 않은 것을 오히려 감사해야 합니다. 또 ②와 ③의 경우라면 회사에 남거나 떠나는 것을 본인의 의지로 결정해야 합니다. 회사는 사원의 소유물이 아니라 주주의 소유물이므로 회사에 엄격한 공평성을 기대하는 것은 옳지 않습니다. 예전의 노예제도와 달리 현대판 노예제도 즉, 사축社畜*제도는 자유의지로 빠져나갈 수 있으므로 다른 사람들에게 불평을 말할 필요도 없습니다.

● 회사가 기르거나 회사에 길들여진 가축. 회사의 가축처럼 일하는 직장인을 지칭하는 말이다.

부자가 될 창업가의 사고

"매출은 1500만 원이고 이익은 800만 원이네. 하지만 개업한 지 얼마 안되었고 운영자금도 모아야 하니까 이번 달의 내 월급은 300만 원으로 하고 그 중 100만 원은 자기 계발에 투자해야지. 그리고 매출을 10% 더 올릴 방법이 어디 없는지 찾아봐야겠다."

보수는 사회에 가치를 제공한 결과로서 받는 것입니다. 회사원 사고방식을 가진 상태에서 막연히 책상 앞에 앉아 있기만 해서는 그 감각을 느낄 수 없습니다.

'내가 한 일이 어떤 가치를 얼마나 냈는가?'
'그 가격은 시장에서 타당했는가?'
'부가가치를 올리려면 어떤 점을 개선해야 하는가?'
'구체적으로 비용이 얼마나 들었는가? 쓸데없이 돈을 쓰지는 않았는가?'

이러한 비용 의식을 갖는 단계가 부자가 되기 위한 시작점입니다.

또한 어떻게 하면 성과를 더 올릴 수 있는지, 개선할 부분은 어떤 것인지를 항상 생각해야 합니다. 이미 앞에서 말했듯이 절약 제일주의는 물론 좋지 않지만, 자신이 한 활동을 객관적으로 분석하는 능력은 어떤 일을 하든 항상 중요합니다.

가난한 사람은
따돌림이 무서워서
조용히 생활한다.

부자는
하루라도 빨리
집단에서 벗어나고 싶어 한다.

적어도 일본에서는 부자가 되겠다는 말을 서슴없이 하면 눈살을 찌푸리는 사람이 많은데, 이는 어릴 때부터 획일적인 교육을 받았기 때문입니다. '모난 돌이 정 맞는다'는 고정관념이 일본에는 아직 존재합니다.

가난한 사람의 사고

"나는 평범한 인간이고 그 점에 만족해. 일부러 남들과 다른 일을 해서 튀는 위험을 감수할 만큼 돈이 필요하지 않아."

이화위귀以和爲貴•.

일본인의 미덕을 한마디로 나타내는 쇼토쿠 태자聖德太子의 말입니다. 이 사고방식은 현대에도 크게 달라지지 않았습니다. 학교에서는 똑같은 교복을 입게 하고 획일적인 교육을 실시하며, 집에서는 부모님 말씀을 잘 듣는 얌전한 아이가 착한 아이라고 칭찬을 받습니다. 또한 돈을 많이 버는 일은 나쁘다고 철저히 각인시킵니다. 어릴 때, "돈만 생각하면 변변치 못한 사람이 된다"는 말을 들은 사람도 많을 것입니다.

그 결과 무슨 일이 일어날까요? 모든 사람들이 자유가 멋지다고 머리로는 이해해도 실제로 자유가 주어진 순간 어찌할 바를 모릅니다. 예를 들어 아침에 업무를 시작하자마자 상사가 "오늘은 하루 종

• 무슨 일을 하더라도 모두 사이좋게 하고 말다툼을 하지 않아야 좋다. 즉, 화합을 귀하게 여기라는 의미.

일 좋아하는 곳에서 좋아하는 일을 해도 됩니다"라고 한다면 여러분은 어떻게 하겠습니까? 저라면 평소 업무에서 교류할 수 없었던 사람을 만나거나 공부하며 시간을 보내겠지만, 대부분의 사람들은 잠시 난처해하다가 '오늘은 놀아도 되는 건가?'라고 해석해서 슬릇 머신이나 쇼핑을 하러 외출하지 않을까요? 대부분의 가난한 사람들은 사실 잠재적으로 컨트롤당하고 싶어 합니다.

부자의 사고

"평준화라는 말은 모두가 경쟁 상대라는 뜻이야. 하지만 나는 성공해서 자유를 얻고 싶어. 그러기 위해서는 다른 누구보다 더 튀거나 아무도 생각지 못한 행동을 해야 해."

부자는 남들과 다른 행동을 하는 것에서 가치를 발견합니다. 남의 손가락질을 받는 공포 따위는 당연히 느끼지 않습니다. 오히려 주위 사람들과 무리를 지어 다니다가 사고나 행동이 동일해져서 자신의 가치가 상대적으로 떨어지는 쪽을 두려워합니다. 다른 사람이 하니까 자신도 하는 게 아니라 자신이 흥미를 갖는 일이니까 합니다. 이렇듯 부자의 행동이나 사고는 자유 그 자체입니다.

　근본적으로 부자들은 타인에게 지시나 관리를 받는 것을 극단적으로 싫어합니다. 그리고 선천적인 재능이나 성장 배경처럼 자신의 의지로 어쩔 수 없는 일 외에 시간이나 돈, 공간처럼 자기 자신이 컨트롤할 수 있는 일은 모두 주도하고 싶어 합니다. 이것이 바로 부자의 사고방식입니다. 노예 사고를 버리면 지금까지 자신의 성장을 방해한 사고와 행동의 제약이 사라집니다. 이는 부자가 되는 길로 자연스레 이어집니다.

　덧붙이자면 운동선수의 대리인을 맡고 있는 제 지인은 회사에 소속된 몸이지만 연봉이 10억 원을 넘습니다. 그는 근무 시간, 필요 경비, 근무 장소를 완전히 자기 재량에 따른다고 합니다. 만일 그의 회사가 낡은 체제를 유지해서 아침에 정시 출근을 해야 했다면 그는 10억 원이 넘는 연봉을 받는 만큼의 성과를 낼 수 있었을까요? 아마 무리였겠지요. 부자는 자신의 축을 갖고 그 축을 바탕으로 행동합니다.

가난한 사람은
회사의 톱니바퀴가
된다.

부자는
회사의 엔진이
된다.

부자가 되기 위한 첫걸음은 자신의 힘으로 수익을 만들어내는 능력을
익히는 것입니다. 이는 회사원이라도 마찬가지입니다. 만일 여러분이
평범한 회사원이라면 회사가 자신을 고용하는 이유를 생각하는 것부
터 시작해 보세요.

가난한 사원의 사고

"지금 하는 일이 그렇게까지 재밌지는 않지만 일단 이를 악물고 계속 하다 보면 일도 익숙해질 테고 언젠가는 출세할 수 있을 거야."

경력이 쌓이면 출세해서 월급이 오를 것이라거나 일이 저절로 익숙해질 것이라는 발상은 매우 수동적입니다. 당신이 회사원이라면 회사는 당신이 특정 역할을 해내길 기대하고 있습니다. 자신에게 요구하는 일을 의식하기 시작하면 일에 주체성이 생깁니다. '오늘 회의도 쓸모없었어'라고 투덜거리는 사람이 수동적인 사원이라면, '어떻게 해야 오늘 회의에서 언급된 프로젝트를 좀 더 진행시킬 수 있을까?'라고 생각하는 사람은 주체적인 사원입니다.

주어진 일을 정해진 시간만큼 하는 것은 아르바이트나 시간제 근로자의 역할입니다. 회사는 이들에게 정해진 업무의 숙련도 향상은 요구하지만 주체성을 요구하지는 않습니다. 그러나 정규직 사원에게는 회사의 수익이나 미래를 자신의 일처럼 생각해서 회사를 발전시키기 위해 움직일 것을 요구합니다. 또한 어떤 기업에서 10년 동안 근무했다고 경력을 강조해 봤자 이를 반기는 사람은 경영자뿐입니다. '나는 이런 회사에서 10년이나 일했으니 끈기가 있는 대단한 사람이다'라는 생각은 자기만족에 지나지 않습니다. 10년 동안무엇을 배우고 얼마나 성장했으며 어떤 성과를 냈느냐가 중요합니다. 닥치는 대로 열심히 일하는 것만으로는 돈 버는 능력을 터득할수 없습니다.

부자가 될 사원의 사고

"내가 왜 이 부서에 배치되었을까? 내 장단점은 무엇일까? 회사의이익을 극대화하기 위해 내가 할 수 있는 일은 뭐가 있을까?"

회사원에게는 돈과 직결되는 능력이 요구됩니다. 기업이라면 어떤 업종이든 간에 최종적으로는 제품이나 서비스를 판매합니다. 신입사원을 반드시 영업부에 배정하는 기업도 있는데, 이는 장사의기본이 영업에 있기 때문입니다. 상품 기획, 설계, 제조, 유통 등 여러 가지 작업 과정이 있지만 그곳에서 일하는 사람들의 목표는 모두 판매입니다. 그 과정의 밑바닥을 경험하느냐 마느냐로 그 후에

맡는 업무에 대한 당사자 의식이나 비용 의식이 달라집니다. 그 결과로 '나에게 주어진 업무 중에서 회사의 이익을 올리기 위해 익혀야 할 능력은 무엇인가?'를 자발적으로 생각할 수 있습니다.

회사원 생활을 계속하든 언젠가 독립하든 간에 수익을 만들어내는 보편적인 기술은 영업력과 마케팅 능력입니다. 지금은 그 능력을 필요로 하지 않는 부서에서 일하고 있다 해도 이 두 가지 기술만큼은 늘 연마해야 합니다. 영업력에는 교섭 기술, 화술, 어필 능력 등이 포함됩니다. 또 카피라이팅 능력도 매우 중요합니다. 요즘 시대에는 기본 업무 외에도 소셜미디어 등에서 글을 쓰지 않는 날이 없을 정도니까요. 마케팅 능력이란 트렌드를 파악하기 위해 필요한 정보 수집과 분석, 브랜딩 및 고객을 모으는 능력을 말합니다. 인맥이 좁은 사람은 시야도 좁기 마련이라 마케팅 능력이 서투릅니다. 이 능력을 기르기 위해서는 마케팅 및 광고, 카피라이팅 분야의 유명한 고전을 읽는 방법이 있습니다.

가난한 사람은
자유를 참아
푼돈을 번다.

부자는
자유를 확보해서
큰돈을 손에 넣는다.

크게 성공한 창업가들을 보면 실제로 과거에 큰 좌절을 겪은 사람이 많습니다. 회사를 한두 번 말아먹은 것은 물론이고 수십억 원이 넘는 빚을 졌다는 이야기도 자주 듣곤 합니다. 이런 창업가들은 어떻게 부활할 수 있었을까요? 키워드는 바로 '자유'입니다.

부활하지 못하는 창업가의 사고

"그토록 절약하면서 돈 관리에 신경 썼는데도 사업에 실패하다니. 앞으로는 한 푼도 허투루 쓰지 않겠어. 일단 빚을 갚아야 하니까 밤에 아르바이트라도 해 볼까?"

이 창업가는 실패에서 아무것도 배우지 못한 듯합니다. 당장 돈을 벌거나 현 상태를 유지할 것만 생각하는 것을 보니 앞으로 재기는 어려워 보이네요. 돈 관리는 물론 중요하지만 정말로 큰 부를 얻고 싶다면 돈 버는 환경을 만들 수 있는 방법을 찾는 일에 온힘을 쏟아야 합니다.

많은 사람들이 뭔가를 달성하려면 당연히 다른 일을 희생해야 한다고 생각합니다. 일리는 있지만 도가 지나친 희생은 자신의 선택지(행동 및 판단)를 줄이는 것과 같기에 기회를 놓치는 결과로 이어질 수 있습니다. 스트레스를 감수하면서 일을 한다 해도 좋은 결과는 나오지 않습니다. 예를 들어 집세를 아끼려고 시외에 살면 언뜻 보기에 매달 몇 십만 원씩 여유 자금이 생기는 것 같습니다. 그러나 만원 전철로 왕복 세 시간을 서서 다니면서 잃는 시간과 체력, 집중력, 또 빠른 막차 시간 때문에 사람들과 교류할 수 있는 시간이 줄어드는 것 등을 고려하면, 고작 몇 십만 원의 수익은 장기적으로 봤을 때 큰 적자나 마찬가지입니다. 돈을 벌려면 최대한 자유로운 상황을 마련해 놓아야 합니다. 독립이야말로 가장 좋은 형태이며 자기 재량껏 일할 수 있는 상태를 만들어 줍니다.

부자가 될 창업가의 사고

"사업에 실패한 일은 분하지만 많은 것을 배울 수 있었어. 일단 빚이 있기는 하지만 고용인 신분으로 돌아갈 마음은 추호도 없어. 내일부터 자유롭게 쓸 수 있는 시간이 잔뜩 있으니 새 사업에 관해 창업가 동료들에게 상담해 봐야지."

부자가 되는 사람은 다음의 다섯 가지 자유를 중시합니다.

① 전례에 사로잡히지 않고 생각할 수 있는 '사고의 자유'

② 생각이 떠올랐을 때 마음껏 행동할 수 있는 '시간의 자유'

③ 사업 기회가 있다면 세계 어느 곳이든지 갈 수 있는 '공간의

부자의 사고
빈자의 사고

자유'

④ 몸과 마음의 상태를 늘 최상으로 유지하기 위해 돈과 시간을 투자할 수 있는 '건강의 자유'

⑤ 자신이 좋아하는 사람, 자신에게 유익한 사람과 관계를 이어 나갈 수 있는 '인간관계의 자유'

이 자유들을 확보하면 선택지가 무한대로 늘어납니다. 일반적인 경로를 따라서 얻을 수 있는 성공은 한정되어 있으니, 큰 성공을 거두고 싶다면 자기 스스로 길을 개척해야 합니다. 이때 제약 사항이 많으면 많을수록 가능성은 줄어듭니다. 아이들의 모험 놀이를 연상해 보기 바랍니다. 부모님에게 그 숲에 가면 안 된다는 말을 들은 친구는 시도조차 못합니다. '이 앞에 뭔가 있는 것 같아!'라고 생각한 순간 엄마에게 전화가 와서 빨리 집으로 돌아오라고 혼이 나는 친구도 있습니다. 또 운동 신경이 나쁜 친구는 울타리를 넘지 못해서 포기합니다. 이래서는 언제까지고 보물을 찾을 수 없습니다.

자유를 얻기 위해서는 선행 투자가 필요합니다. 조금씩이라도 좋으니 제한에 얽매이지 말고 자유의 폭을 넓힙시다. 이것이 바로 부자가 되는 비결입니다.

가난한 사람은
돈의 유무에 따라
판단한다.

부자는
하고자 하는 마음의 정도로
판단한다.

예컨대 잡지에서 카약에 관한 기사를 읽었다고 합시다. 카약을 해 본 적은 없지만 왠지 재미있어 보입니다. 그러나 카약을 살 돈이나 강으로 옮기기 위한 자동차, 보관할 장소가 없습니다. 여러분이라면 어떻게 하겠습니까?

가난한 사람의 사고

"지금은 하고 있는 일이나 열심히 하고 50세 정도에 한 번 해볼까? 그땐 돈과 시간에 여유도 있고 의욕도 더 생길 테니 말이야."

'지금은 돈이 없으니까'라는 발상은 좋은 의미로 착실하지만 나쁜 의미로는 모험심이 없는 사고입니다. 애초에 돈이 있어야 하고 언젠가 돈이 늘어날 것이라는 생각이기도 합니다. 돈이 있어야 한다, 즉 자원이 있어야 한다는 사고방식은 새로운 행동을 일으킬 수 없습니다. 다시 말해 현재 상황에서 변화가 전혀 없다는 뜻입니다. 결과적으로 50세가 된다 한들 시도해 보지도 못하고 끝날 가능성이 높습니다.

만일 이것이 사업 기회라고 한다면 어떨까요? "모처럼 좋은 제안을 받았지만 저희 회사의 자금력이나 인적 자원으로는 도저히 받아들일 수 없습니다. 다음에 저희 회사가 성장했을 때 꼭 다시 불러주십시오" 하고 거절할 것이고, 제안을 한 입장에서는 '굉장히 야망이 없는 회사구나. 앞으로 성장하면 좋겠지만 과연……'이라고 생각하며 두 번 다시 연락하는 일은 없을 것입니다.

시간은 우리를 기다려 주지 않습니다. 마찬가지로 사업 기회도 눈앞에 보이는 즉시 잡지 않으면 다시 돌아오지 않습니다. 사고가 변변찮은 사람은 기본적으로 새로운 일에 거부 반응을 일으킵니다. 시야가 좁고 발상이 굳었다고 할 수 있습니다.

"해 보고 싶어! 아웃도어를 좋아하는 그 친구라면 이미 하고 있을 것 같으니까 전화해 봐야지. 체험 레슨도 있을 거야. 구글로 조사해 보자!"

이 사람의 사고는 돈의 유무가 아니라 의욕의 유무가 판단의 밑바탕에 깔려 있습니다. 하고 싶다고 느꼈으니 이를 실현하려면 어떻게 해야 좋을지 생각해서 당장 행동으로 옮깁니다. 앞에서 예로 든 사업의 경우 부자의 사고방식을 갖춘 사람이라면 이렇게 대답할 것입니다.

"그 제안에 꼭 응하고 싶습니다! 저희 회사도 새로운 단계로 나아가고 싶어 하던 참이었습니다. 저희만으로 부족한 점은 외부에 있는 우수한 인재의 도움을 받으면 되니 안심하셔도 됩니다. 이 프로젝트를 꼭 성공시키겠습니다!"

부자일수록 새로운 자극이나 잘 알지 못하는 세계에 대한 흥미가 매우 많습니다. 경영자라면 위험 부담이 있더라도 그 이상으로 미래를 개척할 가능성에 관해 생각합니다. 근본적으로 부자는 인생을 즐기는 방법에 집중합니다. 돈을 바탕으로 매사를 판단하는 것은 가난한 사람의 사고입니다. 호기심이 있어야 시야가 넓어지고 아이디어도 저절로 솟아납니다.

결과적으로 인생을 즐기는 방법이 돈을 버는 아이디어인 경우가 많다는 뜻입니다. 부자는 망설여질 때면 반드시 'YES'라고 말합니다. 가능 여부는 나중에 생각하면 됩니다. 또한 부자의 사고방식을 갖춘 사람은 평소에 대인관계를 소중히 해서 뭔가 새로운 일에 흥미가 생기면 이를 도와주는 친구가 늘 곁에 있다는 점도 빠뜨릴 수 없습니다.

가난한 사람은
인내의 대가로
월급을 받는다.

부자는
책임의 대가로
수입을 얻는다.

제가 지금은 여유롭게 생활하고 있지만 예전에는 극빈자였던 적도 있습니다. 돌이켜보면 창업을 결정했을 때와 그 이전의 사고방식에는 큰 차이가 있었습니다. 참고로 제 아버지는 대학교를 졸업한 뒤 한 회사에서 40년 동안 근무한 일본의 전형적인 회사원이었고, 저희 집은 평범한 가정이었습니다. 그런 환경에서 자랐기에 일이나 돈에 대한 자세는 부모님의 감각을 그대로 이어받았습니다. 그런 제가 인생에서 돈이 가장 없었던 시절은 호텔 바에서 시급 8500원을 받으며 웨이터로 일하던 스무 살 때입니다.

가난한 아르바이트생 시절의 사고

"일에 매여 있는 시간은 긴데 밤은 짧고, 상사나 고객이 자꾸 화를 내서 정말로 힘들어. 하지만 돈을 벌어야 하니까 참는 수밖에 없어. 시급 8500원은 인내의 대가구나."

저 스스로 생각해 봐도 훌륭하기 짝이 없는 노예 사고입니다. 하지만 세상 물정 몰랐던 당시의 저는 돈을 벌려면 장시간 노동을 할 수밖에 없다고 생각했습니다. 당연히 참고 또 참는 일의 연속이었기에 일이 즐거웠던 적은 한 번도 없었습니다. 게다가 평소에 쌓인 스트레스가 반작용을 일으켜서 월급을 받으면 다음 월급날까지 반드시 돈을 다 써버리는 나쁜 습관이 있었습니다. '인내의 대가로 받은 돈이니까 이 돈을 다 써서 스트레스를 풀어야 해'라며 지성이 결여된 생각을 했습니다. 그런 탓에 월급날 직전에는 항상 가난을 면치 못했으나, 또 월급이 들어오면 친구와 놀러 가는 악순환을 반복했습니다. 월급을 전부 노는 데 사용한다는 것은 결국 참고 일을 해봤자 돈이 모이지 않는다는 뜻입니다. 그런데도 가끔 전 '돈이 왜 늘어나지 않을까?' 하고 진지하게 고민하기도 했습니다.

아르바이트를 시작한 지 약 1년 반이 지났을 무렵 부자와 가난한 사람 사이에는 능력이 아니라 사고방식에 차이가 있다는 사실을 마침내 깨달았습니다. 그래서 저는 사고방식을 바꾸기 위해 월급의 일부를 투자해 강연에 참가하거나 사람들을 만나러 다니면서 필요한 기술을 익혔습니다. 기본적인 사고법을 바꾸고 막상 행동을 해보니 심경의 변화가 더욱 더 가속화되어 어느덧 '내 인생은 스스로 책임을 지자'고 생각하게 되었습니다. 구체적으로는 월급을 받는 입장에서 벗어나 제 힘으로 돈을 벌자고 생각했습니다. 이런 생각은 스무 살 무렵의 청년에게 큰 전환점이 되었습니다.

지금 나의 사고

"돈을 벌거나 벌지 않는 것은 다 나 스스로에게 달렸어. 수익을 만들어낸 정도가 나의 보수이며 그 이상도 그 이하도 아니라는 사실을 명심하자. 위험 또한 전부 내가 감수해야지!"

자신의 수입을 조절한다는 것은 책임을 짊어지는 것과 같습니다. 종종 실력 있는 영업 사원이 자신은 이익을 수십억 원씩 내니까 그에 걸맞은 연봉을 받아야 공정하다고 주장하는 경우가 있는데, 막상 문제가 발생하면 뒷감당은 회사와 상사가 처리합니다. 책임을 회사에 떠맡기면서 성공 보수만 요구하는 것은 결코 공정하지 않습니다. 웨이터 시절에 받은 아르바이트비를 인내의 대가라고 한다면 지금 제 수입은 책임의 대가입니다. 이처럼 같은 돈이라도 본질이 전혀 다릅니다.

큰돈을 벌어서 인생을 즐기는 것이 언뜻 보면 성대한 꿈처럼 여겨질 수도 있지만, 모든 일은 하나의 계기에서 시작합니다. 제 경우에는 참는 나날 속에서 갑자기 싹튼 작은 깨달음이었습니다. 그 깨달음을 얻으려면 지금까지의 사고를 의심해 보는 일부터 시작해야 합니다.

가난한 사람은
자신만 바라보며
재능을 버린다.

부자는
타인을 바라보며
재능을 발견한다.

제가 이 책에서 주장하는 스트리트 스마트 타입의 부자는 타인이 마련
해 준 곳에서 경쟁하지 않으며, 자신의 재능을 발굴하여 직접 무대를
만들고 그곳에서 돈을 버는 삶을 추구합니다. 재능을 발견한다는 말이
어렵게 느껴질 수 있지만 사실은 그렇지 않습니다. 그저 재능을 발견하
는 방법을 배우기만 하면 됩니다.

가난한 사람의 사고

"어차피 나는 평범한 사람이야. 학생 때 성적도 중위권이었고 일에서도 남들보다 특별히 뛰어난 점이 없어. 이런 내가 돈을 벌려면 기업에 신세를 지는 수밖에 없지."

'나에게는 재능이 없어. 이 상황은 평생 달라지지 않을 거야'라고 생각하는 사람이 많습니다. 하지만 이런 가정은 잘못된 것입니다. 과거의 자신에게 사로잡혀 있는 것이죠. 누구든지 처음에는 자신의 재능을 깨닫기 어렵습니다. 특히 자신만의 세계에 틀어박히는 성격을 가진 사람은 주위 사람들과의 접점이 적어서 평가를 받은 적이 없을 뿐입니다.

예컨대 일이 항상 느린 사람은 결과를 내는 시간을 기준으로 놓고 보면 주위 동료들에 비해 뒤떨어질 수 있습니다. 그러나 어쩌면 어느 누구보다도 정확하게 일하는 사람일지도 모릅니다. 또는 고객의 입장을 생각해서 친절하고 정성스러운 안내서를 완성하는 과정일 수도 있습니다. 일례로 동료 중에 조용한 성격이라 주위 사람들과 잘 어울리지 못하는 사원이 있는데, 상사는 그를 말만 번지르르

한 사원보다 훨씬 더 신용할 수 있는 사람으로 받아들이는 경우도 있습니다.

이렇듯 기준만 바꿔도 사람의 장단점이 달라집니다. 평소 업무에 쫓겨 시야가 좁아진 상태에서는 새로운 기준을 발견하기가 어렵습니다. 그러므로 앞에서 여러 번 말했듯이 다양한 사람들을 만나고 새로운 일에 도전하는 자세가 중요합니다. 여기에는 분명히 새로운 기준이 존재합니다.

물론 자신의 재능을 발견할 수 있는 사람은 행운아입니다. 하지만 재능이 있다고 당장 부자가 될 수 있는 것은 아닙니다. 육상 선수가 좋은 예입니다. 유소년 시기에 재능을 찾았더라도 그 재능을 몇 년에 걸쳐 갈고닦아야 최고의 육상선수가 될 수 있습니다.

다시 한 번 말하지만 재능을 발견하고 실력을 연마했다 해도 이를 발휘할 장소가 없으면 무용지물입니다. 와인에 정통한 사람은 그 지식을 장사 수완으로 활용할 수 있지만 캔 커피를 잘 아는 사람은 그 지식을 발휘할 곳이 마땅치 않아 그것으로 평생 먹고살 수 없습니다. '어떻게 하면 재능을 돈으로 바꿀 수 있을까?'를 늘 함께 생각해야 합니다. 재능을 발견해서 키우고 다른 사람에게 제공하는 이 순환 과정은 스트리트 스마트에 요구됩니다.

부자의 사고
빈자의 사고

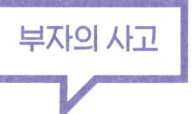
부자의 사고

"누구에게나 재능이 있지만 깨닫지 못할 뿐이야. 그러므로 재능을 의식적으로 찾아보자. 또 이 재능이 돈이 될지 진지하게 생각해 봐야겠어. 돈이 된다면 좀 더 발전시켜나가야지."

단언컨대 재능은 누구에게나 있습니다. 이 책을 읽는 여러분처럼 성장 의식이 높은 사람이라면 분명히 자신의 재능을 어느 정도 파악하고 있을 것입니다. 다만 그 재능으로 큰 부를 얻으려고 생각한 적이 없을 뿐이죠.

참고로 제가 재능을 어떻게 발견했는지 이야기하겠습니다. 저는 21세 때 '인생에서 성공하려면 어떻게 해야 좋을까?'라는 취지로 개최된 합숙 세미나(정원 약 300명)에 100만 원을 내고 참가했습니다. 세미나의 내용 자체에서도 배울 점이 많았지만 제가 그 세미나에서 얻은 가장 큰 깨달음은 따로 있었습니다. 강사가 말하는 모습을 보고 말로 다른 사람의 인생을 바꾸는 일이 가능하다는 것을 알게 된 것이죠. 완전히 새로운 기준이 눈앞에 나타난 듯해서 매우 신선하게 느껴졌습니다. 그래서 즉시 그 기준을 저 자신에게 적용해

보니 '나에게는 다른 사람에게 뭔가를 가르치고 싶어 하는 열의가 있다', '사회 경험은 적지만 자기계발서를 매우 많이 읽었다'는 점이 훌륭한 재능임을 깨달았습니다. 이처럼 매우 사소한 계기라도 괜찮습니다. 저는 이런 식으로 재능을 발견한 후, 이 재능을 갈고닦는 일과 발휘할 장소를 만드는 일에 전념했습니다.

여기서 재능을 발견하는 비결 한 가지를 알려드리겠습니다. 앞에서 다양한 사람들을 만나라고 했는데, 그중에서도 자신이 동경하는 사람을 만나는 것이 가장 좋습니다. 만일 그 사람이 유명인이라서 직접 만날 수 없다면 그가 쓴 책을 몇 번이고 반복해서 읽거나 강연에 계속 참석하는 방법이 있습니다.

동경하는 사람은 여러분 자신을 비추는 거울입니다. 관심 영역에서의 재능을 여러분 스스로 숨기고 있을 가능성이 높습니다. 동경하는 사람이 경영자라면 경영학적 지식, 영업 사원이라면 화술 및 교섭 기술, 작가라면 문장력, 크리에이터라면 창조력, 셰프라면 요리, 서비스맨이라면 접대 등을 배울 수 있습니다. 이런 사람을 직접 만난다면 일단 자신이 어떤 가치를 제공할 수 있는지 생각해 보기 바랍니다. 그 사람에게서 많이 배우고 지식을 계속 흡수하세요. 어쩌면 그 과정에서 방향이 달라질 수도 있는데, 상황에 맞춰서 궤도를 수정해도 괜찮습니다.

부자의 사고
빈자의 사고

만약 음악을 좋아해서 뮤지션이 되고 싶지만 재능이 얼마나 성장할지 몰라 불안해하는 사람이 있다면 저는 "일단 업계에 들어가 보면 어떻겠습니까?"라고 조언하겠습니다. 실제로 들어가 보면 '프로의 실태가 이렇구나', '프로듀서 일이 나와 더 맞을 것 같아'와 같은 새로운 기준이 나타날 것입니다. 업계 밖에서는 평생 알 수 없는 것이지요. 어차피 안 된다고 생각하는 것과 직접 해 보니 안 되겠다고 생각하는 것에는 엄청난 차이가 있습니다. 도전했지만 실패한 사람은 그 시점에서 성장하며 새로운 목표를 향해 움직이기 시작합니다.

가난한 사람은
단골 술집을
찾는다.

부자는
화제에 오른
레스토랑을 찾는다.

정말로 부자가 되고 싶다면 지금까지의 사고방식을 버려야 합니다. 과
거의 자신을 완전히 부정하는 것과 같다고 느낄 수 있는데, 사실 그렇습
니다. 평소의 사소한 습관을 바꿔봤자 얻을 수 있는 성과는 뻔합니다.
근간부터 싹 바꿔야 크게 발전할 수 있습니다.

부자가 되지 못할 독자의 사고

"이구치 씨는 가끔씩 재미있는 책을 쓴단 말이야. 하지만 나한테는 자식이 셋이나 있으니 회사를 쉽게 관둘 수 없지. 뭐 사람 만나는 일 정도라면 할 수 있겠지만. 그리고 보니 한동안 술집 마담을 못 만났네. 오늘 밤에 가 봐야지."

생존 본능을 지닌 동물은 당연히 현상을 유지하는 것이 좋다고 느낍니다. 늘 가는 장소에서 같은 사람들과 항상 같은 일을 하면 적어도 안도감은 느낄 수 있습니다. 그런 인생이 행복하다면 이는 그 사람의 생활 방식이므로 부정할 생각은 없습니다.

하지만 그런 생활에서 큰 부를 쌓으려고 하는 것은 연말의 점보 복권*에 인생 역전의 소망을 담는 것과 같아서 애초에 불가능한 이야기입니다.

● 일본에서 계절에 따라 시리즈로 발매하는 복권으로 드림 복권, 섬머 복권, 연말 복권 순으로 발매된다. 특히 연말 복권은 1년에 한 번 연말에만 10장 단위로 한정 판매하는데, 당첨되면 약 70억 원을 받을 수 있다.

"과연 그렇군. 확실히 지금 직면한 불만은 전부 나 스스로 선택한 거였어. 지금까지 해온 행동과 사고가 잘못됐다는 뜻이니 이 상황을 타파하려면 대인관계와 일에 대처하는 자세를 포함해서 근본부터 바꿔야 해. 조금 무섭지만 한 번뿐인 인생이니 과감히 도전해 보자."

사고법이 달라지면 행동이 달라지고, 행동이 달라지면 인간관계가 달라집니다. 우리에게 주어진 시간은 한정되어 있습니다. 이 시간을 장래의 꿈을 이루기 위해 쓸 것인지, 아니면 현재 상태를 유지하며 평온하게 지내는 데 쓸 것인지에 따라 시간에 대한 생각도 완전히 달라집니다. 또 사람을 만나서 자극을 받고 자신의 능력을 계속 연마하다 보면 지금까지 몰랐던 세계로 가는 문이 계속해서 나타납니다. 그 문 저편에서는 큰 성공과 크게 발전하기 위한 기회가 기다리고 있습니다.

실제로 부를 만들어내는 사람들과 만나면 그 사람들의 사고방식에 조금씩 접근할 수 있습니다. 이는 한 공간을 공유하고 타인의 행동을 보면 그 사람의 행동이나 사고가 자신에게도 전염된다는 '거울 신경세포mirror neuron' 이론입니다. 지금 여러분 주위에 있는 사람이나 평소에 함께 술을 마시러 가는 사람들을 한 번 생각해 보세요. 왠지 모르게 비슷한 사고방식을 갖추고 있지 않습니까? 따라서 사고법을 바꾸려면 약간의 과감한 조치가 필요합니다. 자신이 모르는 세계에 사는 사람들이나 지금까지 만난 적 없는 사고방식의 소유자 등을 적극적으로 만나면 놀랄 정도로 많이 배우고 자극을 얻을 수 있습니다. 만일 매일 밤 똑같은 술집에 다니고 있다면 한 번도 간 적이 없는 화제의 레스토랑이나 바에 가 보기 바랍니다. 그곳에서 그 가게가 왜 화제에 올랐고 인기가 있는지 여러 가지 시점에서 바라보면 식사비 이상으로 많은 것을 배울 수 있을 것입니다.

앞에서 타워 맨션으로 이사한 일에 대해 언급했는데, 거기에는 '내가 이 장소와 모임에서 가장 낮은 위치에 자리한다면 앞으로는 위를 보는 수밖에 없다'고 생각한 이유도 있었습니다. 결코 제가 성공했기 때문이 아니라 성공하고 싶어서 사는 곳까지 바꾼 것입니다. 20대 청년이었던 제가 할 수 있었던 일이라면 여러분도 반드시 할 수 있습니다!

가난한 사람은
사소한 일부터
바꿔 본다.

부자는
큰일부터
바꿔 본다.

1장의 마지막으로 극약과도 같은 내용에 관해 소개하겠습니다. 효과는
뛰어나지만 그만큼 부작용도 큽니다. 그 점만은 유의해서 읽어 주시기
바랍니다. 여러분의 인생을 근본부터 바꿔드릴 것을 약속합니다.

가난한 사람의 사고

"그래, 나 자신부터 바꾸는 거야. 우선 하루에 한 시간씩 책을 읽어 볼까?"

　자기 자신을 성장시키기 위해 새로운 행동을 시도한다는 점에서는 매우 훌륭합니다. 할 수 있는 일부터 시작하면 어느 순간 의욕을 좀 더 이끌어낼 수도 있습니다. 하지만 현실적으로 이 방법은 시간이 오래 걸리고 작심삼일로 끝날 가능성이 높습니다. 특히 쉽게 끓어오르고 쉽게 식어버리는 성격을 가진 사람이라면 결과가 나오기 전에 이전의 생활 습관으로 돌아가고 맙니다.

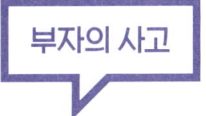

부자의 사고

"지금 하는 일을 관두고 상경하는 거야. 휴대폰이나 옷은 다 여기에 버리고 가자. 지금까지의 인생은 서장에 불과해. 상경한 후에 시작되는 일이야말로 나의 진정한 인생이야."

　과거를 전부 부정하고 새로운 자신으로 다시 태어날 의지가 강하다면 환경을 물리적으로 바꾸는 방법이 가장 좋습니다. 수중에 있는 명함을 전부 버리고 고향 친구의 연락처도 삭제하고 헤어스타일이나 복장도 새롭게 바꾸세요. 음악이나 선호하는 음식도 바꿔봅시다. 또 새로운 곳에서는 자신이 동경하는 사람이나 사업에 성공한 사람, 자신에 대한 성장 의욕이 높은 사람들하고만 어울려 보세요. 자신의 발목을 잡는 사람과는 거리를 두고 오로지 자신을 이끌어 줄 수 있는 사람만 상대하는 겁니다. '그런 부자가 어울릴 수 있는 시간을 내 줄까?'라고 생각할 수 있는데, 진정한 부자라면 시간적인 여유가 있습니다. 여러분이 솔직하게 배우고 싶다는 자세를 보이면 매정하게 취급당할 일은 극히 드뭅니다. 저 역시 세미나 등에서 만난 경영자나 컨설턴트들을 종종 점심 식사에 초대했는데, 거절당한 적이 거의 없었습니다. 단, 그 사람들에게 배우기는 해도 빼앗으면 안 됩니다. 오히려 여러분의 가치를 적극적으로 제공하려는 자세가 중요합니다. 무엇을 제공할 수 있는지 잘 모르겠으면 직접 "뭔가 도울 일이 없을까요?"라고 물어 봐도 상관없습니다.

　사람과 만나지 않을 때는 자신의 일과 스스로의 가치를 올리기 위한 노력에 모든 힘을 쏟읍시다. 집에서 늘어져 있는 시간은 완전히 배제하고 식사할 때도 누군가를 반드시 초대하세요. 만일 판단이 망설여지는 상황이 발생하면 지금까지 자신이 해왔던 판단과는 정반대되는 행동을 합시다. 과거의 자신이 잘 못했으니 뭐든 지금까지와는 다른 일을 해 보는 것입니다.

이렇게까지 철저히 하면 사람은 확실히 달라집니다. 10년 후, 20년 후에 동창회에 참석해서 "많이 달라졌는데?"라는 말을 들으면 "맞아. 바꾸려고 노력했으니 예전의 나와는 아주 딴 사람이지"라고 대답하면 됩니다. 과거를 버린다는 의미에서 해외로 이주하거나 체류해 보는 방법은 가장 극적인 효과를 나타냅니다. 그곳에는 아무도 여러분의 과거를 모르는 세상이 기다리고 있습니다. 성공과 실패가 전부 자신의 행동에 달린 상황에서 지내보는 것도 자극적일 것입니다!

제2장

부자의 인간관계

행복해지고 싶으면 남을 돕는 기쁨만을 생의 보람으로 삼자.

- 데일 카네기Dale Carnegie

POORMAN

VS

RICHMAN

가난한 사람은
회식 자리에서 일에 대한
불평을 늘어놓는다.

부자는
회식 자리에서 일의 기회에 관해
이야기한다.

세상에는 적극성이 부족하거나 남들과 잘 소통하지 못해 혼자 지내는 것을 좋아하는 사람도 있고, 반면에 사교성이 매우 강한 사람도 있습니다. 뼛속부터 사람을 좋아하는 기질이 있어서 저절로 친구가 늘고 회식이나 모임 등에 불려 다니는 사람이 후자에 해당합니다. 이들은 기본적으로 사람을 좋아하는 것일 뿐, 돈을 벌고 싶어서 어울리는 것이 아닙니다. 하지만 이 책에서 소개하는 인간관계란 돈을 벌기 위한 수단으로서의 관계를 의미합니다. 냉혹하게 들릴 수도 있겠지만 그것이 사실이며, 수단이기에 더욱 더 조절해야 한다고 생각합니다.

가난한 사람의 사고

"교우관계와 돈은 별개야. 업무상 어울리는 사람과 친구를 구분하는 것이 당연하지. 오히려 친구들 모임에서 사업 이야기를 꺼내는 사람이 더 무례하지 않아?"

회사에서 월급을 받는 생활을 하다 보면 확실히 월급 사고가 깊어져 자신의 수입과 평소의 대인관계가 연결되어 있다는 사실을 별로 실감하지 못합니다. 회사원이 일주일에 네 번씩 술을 마시러 간다고 하면 보통 한 번은 접대, 한 번은 동료들과의 회식, 한 번은 대학 시절 친구들과의 모임, 한 번은 업무 미팅일 가능성이 높습니다. 이 중에서 접대를 제외하면 어느 술자리든 크게 신경 쓰지 않을 뿐만 아니라 배울 점도 별로 없다고 생각합니다. 애초에 교우관계와 수입이 별개라고 여기므로 당연합니다. 그리고 동료나 친구와의 술자리에서는 상사의 흉을 보거나 회사에 대한 불만만 늘어놓기 바쁩니다.

부자의 사고

"수익을 직접 내야 한다는 말은 교우관계야말로 돈의 원천이라는 뜻이야. 사업으로 이어지지 않는 교우관계가 오히려 불필요한 거지."

　돈은 회사가 가져다주는 것이 아니라 자신이 직접 만들어내야 한다고 생각하는 것이 바로 부자의 사고입니다. 사람만이 그 돈을 가져다줄 수 있으므로 교우관계를 넓히면 돈을 벌 수 있는 기회도 늘어납니다. 제가 세미나 참가자를 모집해야 할 때를 예로 들어봅시다. 인터넷에 공지를 올리고 직접 만나서 영업도 합니다. 직접 알린 정보는 다시 입소문이나 SNS로 퍼져서 결과적으로 고객의 신청으로 돌아옵니다. 이때 저와 관계있는 사람이 많으면 본인의 참가 여부는 제쳐놓고 적어도 저를 대신해서 선전해줄 가능성이 높아집니다. 정보가 순식간에 확산된다면 SNS 마케팅은 성공한 셈입니다.

　그러나 아무리 SNS의 위력이 굉장하다고 해도 실제 신뢰를 바탕으로 맺어진 교우관계만큼은 아닙니다. 진정한 교우관계의 사람들은 '그 사람은 믿을 수 있으니까 내 친구한테도 소개해 줘야지'라고 생각해서 이벤트에 관한 링크 사이트를 공유합니다. 이것이 바로 사람이 돈을 가져다준다는 뜻입니다.

참고로 오해하는 사람이 많아서 말해두자면, 부자의 사고를 하는 사람들이 모이는 술자리에서 돈에 관한 이야기만 끊임없이 하는 것은 아닙니다. 그 정도로는 신뢰관계를 맺을 수 없으니까요. 파워런치 시간을 제외하면 평소에는 시시한 이야기로 활기를 띱니다. 단, 이때도 일에 대한 푸념을 늘어놓거나 부정적인 발언을 하는 경우가 전혀 없다는 사실만 알아두기 바랍니다.

부자의 사고
빈자의 사고

가난한 사람은
돈이 유한하다고
생각한다.

부자는
돈이 무한하다고
생각한다.

"돈이 있는 곳에 돈이 모인다."
자주 듣는 말 아닌가요? 기업이든 개인이든 그 업계에서 가장 많은 수
익을 내는 장소에는 반드시 돈이 모여듭니다.

가난한 웹 디자이너의 사고

"행사 상품 홈페이지네요. 페이스북 친구 사이니까 이 사양이라면 300만 원에 해 드릴게요(너무 싸게 받고 말았네. 다른 작업을 하는 동안 틈틈이 짬을 내서 끝내야겠다)."

푼돈을 벌기 위해 홈페이지를 날림으로 완성하는 모습을 상상할 수 있겠지요? 가난한 사람일수록 돈이 유한하다고 믿습니다. 다시 말해 '현재 나의 능력으로는 월수입 500만 원 정도가 최대야'라고 생각하는 시간 판매 발상입니다. 시간과 정성을 많이 투자해 많은 돈을 벌려고 하기보다는 적당한 시간을 들여 그 달에 벌어야 하는 금액을 맞추려고 합니다. 돈이 유한하다고 여기는 탓에 필사적으로 푼돈을 벌려고 하고 매달 날아오는 신용카드 명세서를 두려워합니다. 돈에 대한 의견 차로 이혼하는 부부가 많은 것 역시 본질적으로는 돈이 유한하며 똑바로 관리하지 않으면 터무니없는 일이 일어날 것이라는 생각에 모두가 필요 이상으로 두려워하기 때문입니다.

부자가 될 웹 디자이너의 사고

"행사 상품 홈페이지인가요? 재미있겠네요. 그럼 인기를 끌 수 있게 저도 온 힘을 다해 만들어 보겠습니다. 제작비를 무료로 해 드리는 대신 행사 매출의 3%를 보수로 주실 수 없나요?"

확실히 위험이 도사리고 있습니다. 만일 매출이 천만 원밖에 안 돼서 보수로 30만 원을 받는다면 손해가 막심합니다. 하지만 매출이 3억 원이라면 900만 원을 받을 수 있고, 10억 원이라면 3천만 원을 받을 수 있습니다. 웹 디자이너도 인기를 끌 수 있는 홈페이지로 만들기 위해 필사적으로 노력할 것이므로 양쪽 모두가 만족하는 윈윈win-win 관계를 형성할 수 있습니다.

가난한 웹 디자이너는 홈페이지를 의뢰해 온 기업만을 돈의 원천으로 가정했고 부자가 될 웹 디자이너는 행사 상품을 구입해 줄 전국의 소비자를 돈의 원천으로 가정했다는 점에서 큰 차이가 있습니다. 이것이 바로 돈이 유한하다는 생각과 반대로 돈이 무한하다고 여기는 발상입니다. 이 순간에 누군가의 지갑에 있는 돈, 어딘가의 은행 금고에 잠들어 있는 돈, 딴 돈, 잃은 돈 등 세상에는 무한

대의 돈이 순환하고 있습니다. 그 돈을 전부 목표로 삼을지 아니면 의뢰한 사람의 프로젝트 예산만 생각할지에 따라 돈을 벌 가능성은 확연히 달라집니다.

또한 두 웹 디자이너에게는 또 다른 차이가 있습니다. 전자의 경우 직접 만든 홈페이지에 대한 대가만 얻을 수 있는 반면, 후자의 경우에는 행사를 마련하는 기업의 상품에서 창출되는 이익의 일부를 제삼자로서 누릴 수 있습니다. 게다가 그 이익은 홈페이지를 완성한 후 본인이 잠을 자는 동안에도 만들어집니다. 그 발상을 웹 디자이너가 하고 있다는 점이 훌륭합니다.

자, 다시 본론으로 돌아가서 이야기하면 이 장의 주제는 인간관계입니다. 이처럼 세상의 돈은 돈을 만들어내는 힘이 있는 곳에 집중합니다. 그렇다면 쉽게 돈을 버는 사람과 관계를 맺으면 그만입니다. 중소기업이 대기업에 모여드는 것과 같으므로 전혀 부끄러워하지 않아도 됩니다. 어디까지나 기본은 상대방에게 가치를 제공하는 것입니다. 상대방에게서 뭔가를 빼앗으려고 하면 가장 먼저 내쳐지고 말 것입니다.

가난한 사람은
우쭐대고
싶어 한다.

부자는
항상 다른 사람에게
질책을 받고 싶어 한다.

자신보다 높은 위치에 있는 사람들과 교우관계를 맺으면 자신의 수준
도 향상되어 결과적으로 수입까지 높아진다고 합니다. 제 경험상 이 말
은 진실입니다. 사람의 수입은 자신이 시간을 가장 많이 보내는 사람
다섯 명의 평균 수입에 가깝다고 합니다. 원고를 쓰면서 저도 한번 계산
해 봤는데, 신기하게도 근사치가 나왔습니다. 자주 어울리는 사람과는
사고방식이나 맡은 일의 규모가 서로 비슷해지므로 당연하다고 할 수
있습니다.

가난한 사람의 사고

"높은 단계로 나아간다는 말은 내가 가장 밑에 있다는 뜻이잖아? 그렇게까지 해서 위로 올라가고 싶지 않아. 다른 방법은 없을까?"

현재 속해 있는 커뮤니티에서 우쭐대는 사람이 일부러 자신이 최하위로 보이는 환경에서 지낼 수 있느냐에 관한 이야기입니다. 자존심을 지키면서 근본적으로 교우관계를 새롭게 구축하려면 스트레스도 큽니다. 결국은 마음을 굳게 먹는 수밖에 없습니다. 처음에 느낀 스트레스는 생리적인 반응이라고 여기세요. 금세 적응하고 자신이 성장하면 그런 일로 스트레스를 느낀 이유에 대해 반드시 생각하게 될 것입니다.

무엇보다 하찮은 자존심 따위는 버려야 합니다. 부자들은 일에 관해서는 자존심을 내세우지만, 평범한 사람들보다 훨씬 더 겸손합니다. 늘 다른 사람에게서 배우려고 하는 자세를 취하기 때문입니다. 만일 여러분이 코치라고 했을 때 시간당 5만 원을 받는 코치와 함께 일한다면 여러분의 보수 역시 5만 원에 머무를 것입니다. 하지만 시간당 수입이 100만 원인 코치의 모임에 참여하면 사고와 행동이 자연스럽게 달라져서 정신을 차렸을 때 여러분의 가치도 올라가 있을 겁니다.

부자의 사고

"나는 아직 미숙해. 하지만 지금의 안일한 환경에 있으면 하는 일 없이 시간만 흘러가고 말겠지. 내게 자극을 주는 사람과 만나야겠어. 그리고 실컷 혼나 보자."

제가 저자로 데뷔하기 전에 이미 책을 출판하신 분과 우연히 이야기할 기회가 있었습니다. 저 역시 책에 흥미가 있어서 대화가 끊이질 않았는데, 그때 실제로 경험자의 이야기를 듣고 '이렇게 하면 나도 책을 낼 수 있겠다'는 생각을 할 수 있었습니다. 이후로 행동과 인간관계가 달라졌고, 여러 번 말했다시피 책을 내고 싶다는 의욕을 따른 결과 저도 저자로 데뷔했습니다. 그 다음에는 '베스트셀러를 내고 싶다!'고 생각했습니다. 그래서 베스트셀러 작가들과 어울렸고 실제로 베스트셀러를 낼 수 있었습니다.

어울리는 사람이 누구냐에 따라 가능성이 달라진다면 좀 더 큰 가능성을 가진 사람과 어울리는 것이 중요합니다. 마치 꾸며 낸 이야기처럼 들리겠지만, 은둔형 니트족에서 지금의 위치까지 오른 제가 실제로 체험했으므로 자신 있게 진실이라고 단언할 수 있습니다. 목적의식에 따라 만나야 할 사람도 달라집니다. 무턱대고 부자를 만나지 말고 '나도 이렇게 되고 싶다'고 느끼는 사람과 어울리도록 하세요.

가난한 사람은
지금 있는 장소에서
자신에 대해 이야기한다.

부자는
최고급 호텔 로비에서
상대방의 이야기를 듣는다.

자신보다 수준이 높은 사람과 어울려야 한다는 말의 중요성은 어느 정도 이해하셨겠지요? 그 분야 최고 자리에 있는 사람이나 자신이 동경하는 사람과의 접점을 조금이라도 더 늘리면 부자가 되는 속도가 빨라집니다. 그러나 자신이 모르는 세계에 갑자기 뛰어들려면 상당한 용기가 필요한데, 상류층 인사들과 대화가 성립할지 불안해하는 사람도 많습니다.

가난한 사람의 사고

"아무리 성공하기 위한 조언을 부탁하고 싶어도 무슨 이야기를 해야 좋을지 모르겠어. 괜히 어리석은 질문을 해서 웃음거리가 되면 어쩌지? 좀 더 성장한 후에 부탁하는 게 낫지 않을까? 1년 정도 지나고 나서 찾아가 볼까?"

시도해 보지도 않고 걱정만 계속 늘어놓는 상태입니다. 많은 사람들이 변명을 만들어내고 결국은 행동하지 않습니다.

부자의 사고

"부자들을 만난다니 긴장되네……. 실제로 교류하기 전에 그들이 모이는 장소에 가서 분위기부터 익혀 놓아야겠다. 그런 다음에는 다양한 사람들을 여럿 만나서 내가 알고 싶은 것들을 계속 질문해 봐야지!"

부자의 사고
빈자의 사고

부자나 그 나름의 사회적 지위를 확립한 사람은 자신에게 어울린다고 느끼는 장소에만 갑니다. 이는 그들에게 일류 서비스를 받을 만큼의 재력이 있다는 단순한 이야기가 아니라, 그런 장소에서 요구되는 행동이나 복장이 그들에게는 일상적인 일이기 때문입니다. 물론 그런 장소에 얼굴을 내밀면서 자신을 브랜드화 하는 측면도 있을 테고요. 사교장에서의 대인관계가 돈을 만들어낸다는 사실도 이미 알려드린 바와 같습니다. 하지만 그런 장소가 서민에게는 친숙하지 않기에 그곳에 가는 것만으로도 고통스러울 때가 있습니다.

제 경우에도 스무 살 무렵에는 그런 장소에 가는 일에 기가 죽었습니다. 그래서 저는 최고급 호텔 로비의 소파에 앉아 사람을 기다리는 척하면서 책을 읽는 행동부터 시작했습니다. 돈 없이도 충분히 할 수 있는 일이죠. 가끔씩 주위를 둘러본 후 시계를 흘끗 쳐다보며 '있고 싶어서 있는 것이 아니다'라고 어필하는 것이 중요합니다. 그러면 호텔 직원도 나가라고 할 수 없을 테니까요. 처음에는 매 순간 긴장했습니다. 누가 봐도 능력 있어 보이는 비즈니스맨과 눈이 마주치기만 해도 순간적으로 눈을 내리깔 정도였습니다. 하지만 몇 번 반복하다보니 주위 환경에도 서서히 익숙해졌습니다. 이후에는 커피를 주문하고 점심을 먹는 등 조금씩 제 자신에게 준 과제를 해결해 갔습니다. 덧붙이자면 최고급 호텔에 다니며 사람들을 보고는 옷차림의 중요성에 대해 절감했습니다. 가격이 비싼지 저렴한지를 당시의 저로서는 알 수 없었지만 저처럼 낡은 슈트를 입고 오는 사람은 없었습니다. 한마디로 그들에게서는 머리끝에서 발끝까지 빈틈을 찾아볼 수 없었습니다. 그래서 저는 옷차림을 바꿨습니다. 비싼 슈트는 구할 수 없었지만 체형에 맞는 옷을 입어서 최대한 깔끔해 보이도록 공들여 꾸몄습니다. 실제로 어떻게 보였을지는 모르지만 적어도 겉모습도 신경 써야겠다고 느꼈기 때문입니다.

그러던 어느 날 '상류층이 모이는 장소에 있어도 이제 어색하지 않구나'라고 느끼게 되었습니다. 마침내 그들과 만나기 위한 워밍업이 끝난 것입니다. 이제부터 실제 부자들과 만날 차례입니다. 저는 맨 먼저 동경하던 사람의 강연회와 세미나에 참가했습니다. 그 사람의 이야기를 직접 들을 수 있을 뿐만 아니라 저와 똑같은 목표를 가진 사람들과도 만날 수 있을 거라 생각했기 때문입니다. 적어도 돈을 냈으니 대단한 사람이라 해도 저를 가벼이 여기는 경우는 없었습니다. 물론 '나는 고객이다'라는 태도를 가지면 다시 만나기 힘들어지므로 겸손한 자세로 임하는 것이 절대적인 조건입니다. 강연회나 세미나는 첫 만남으로 매우 적합하니 여러분도 꼭 활용해 보시기 바랍니다.

강연회와 세미나 장소에 익숙해진 저는 그곳에 모인 사람들과 교류를 하거나 강사와 직접 이야기나누는 기회를 만들었습니다. 일대일로 만나면 순조롭게 대화하기 어렵다며 불안해하는 사람도 있을 텐데 사실 걱정할 필요가 없습니다. 가끔 어려운 기회를 얻었으니 많은 이야기를 나눠야 한다며 조바심을 내다가 자기 이야기만 하는 사람을 종종 볼 수 있습니다. 그런데 이 대화법은 완전히 잘못됐습니다. 대화를 나눌 때 90%는 상대방이 말하게 하고 자신은 질문해서 대답을 듣기만 하면 됩니다.

"어떤 계기로 지금의 일을 시작하셨나요?"

"그 기술은 어떻게 익히셨나요?"

"고생한 적도 있으신가요?"

이런 질문으로 얻을 수 있는 상대방의 대답은 전부 밑거름이 됩니다. 바꿔 말하면 이러한 이야기를 듣기 위해 저는 호텔 로비를 다녔습니다. 사람은 기본적으로 자신의 이야기를 들려주고 싶어 하므로, 적절한 질문을 하고 대답을 열심히 듣기만 해도 대부분의 사람들은 기분 좋게 이야기를 해 줍니다. 적당한 타이밍에 맞장구를 치고 대답에 반응을 보이는 행동 역시 중요합니다. 이런 식으로 대화를 하다가 여유가 생기면 서로 공통점은 없는지 넌지시 물어봅시다. 공통적인 화제를 찾으면 이야기가 더 확대되고 친근해집니다.

친구 만들기의 기본이죠.

대화를 끝낼 때는 상대방에게 가치를 제공해서 이야기를 매듭짓는 것이 중요한데, 상대방에게 사람을 소개하는 방법이 가장 간단합니다. 예를 들어 상대방이 글쓰기로 고민할 경우에는 친분이 있는 작가를 소개하면 됩니다. 만일 자신의 인맥 중에 해당되는 사람이 없으면 그것을 숙제로 삼고 집으로 돌아와서 나중에 다시 소개해도 괜찮습니다. 사람을 소개했다고 당장 어떤 이익이 생길 거라고 기대해서는 안 됩니다. 신용을 얻는 것이 우선이고, 그래야 앞으로도 좋은 관계를 유지할 수 있습니다.

가난한 사람은
상대방의 인지도로
멘토를 정한다.

부자는
자신의 미래상을 그리며
멘토를 정한다.

하루는 고작 24시간입니다. 사람을 만나는 일은 중요하지만 무턱대고

만난다 해서 성장으로 이어지지 않습니다.

가난한 사람의 사고

"좋아. 일본의 부자 상위 100명의 연락처를 모조리 조사해서 날마다 전화 공세를 해야지. 그렇게 해서 전부 만날 거야!"

열정은 높이 사겠지만 굳이 수고를 들여서 블랙리스트에 오를 법한 위험을 감수할 필요가 있을까요? 대대로 이어지는 자산가의 이야기를 들어 봤자 스트리트 스마트에 대한 힌트를 얻을 수 없습니다. 근본적으로 자신의 꿈이 대기업 사장이 되는 것인지, 조직론이나 경영론을 배우는 것이 최우선 사항인지, 자신이 목표로 하는 라이프스타일이 자산가의 라이프스타일과 같은지를 제대로 생각해야 합니다.

부자의 사고

"내가 성장해야 하는 분야가 무엇인지 대충 알겠어. 우선 그 분야의 전문가를 만나서 배울 점을 계속 흡수하자."

누구를 만나야 좋을지 모르겠으면 일단 자신이 동경하는 사람이나 앞으로 이 사람처럼 되고 싶다고 여기는 롤모델을 만나 봅시다. 그 사람의 이야기를 듣다 보면 그 위치에 도달하기까지 필요한 것, 즉 현재 자신에게 부족한 점이 무엇인지 알 수 있습니다. 나머지는 각 분야의 전문가와 만날 기회를 만들어 지혜를 빌리면 됩니다. 또한 동경하는 사람을 만났을 때 그 사람이 평소에 어떻게 생활하는지 물어 보는 것도 매우 중요합니다. 만일 당신이 꿈꾸는 생활과 다르다면 나아가야 할 길은 따로 있을지도 모릅니다. 이를테면 저는 부자의 정의를 '아무에게도 얽매이지 않고 자유로운 삶을 실현하는 사람'이라고 내렸습니다. 아무리 돈이 많아도 아침부터 밤까지 자는 시간을 아까워하며 매일 억척스럽게 일해야 한다면 돈을 버는 목적을 알 수 없습니다.

이제 동경하는 사람을 만나는 요령을 알려드릴까요? 가장 기본적이면서 성공할 확률이 높은 방법은 식사에 초대하는 것입니다. 저 역시 이야기해 보고 싶다고 느낀 사람에게 점심 식사를 함께 하자고 권하는 경우가 많습니다. 아무리 바쁜 사람이라도 식사는 하므로 그 시간을 공유할 수 있습니다. 갑자기 만나 달라며 접촉하면

'이 사람 누구지?' 하고 수상하게 여겨서 거절하는 일이 있으므로 인간관계를 구축하는 순서를 지킵시다.

예를 들어 처음 접촉할 때는 "책에서 ○○라고 지적하신 부분을 읽고 온 몸에 전율을 느꼈습니다. 이 책은 제 인생의 바이블로 삼겠습니다. 감상을 블로그와 페이스북에 올려도 될까요? 또 이 책을 한 권 더 구입해서 소중한 친구에게 선물하고 싶습니다. 감사합니다!"와 같이 조금 과장스러운 감사의 메시지를 보내 봅시다. 이 정도로 써서 보내면 답장이 올 것입니다. 이를 계기로 페이스북에서 관계를 맺고 서서히 거리를 좁혀 가며 적당한 시기를 봐서 호텔이나 레스토랑의 점심 식사에 초대하면 좋습니다(물론 자신이 상대방에게 대접하는 입장입니다). 약속할 때는 '몇 시부터 몇 시까지'라고 종료 시간을 명확히 기재하는 것도 상대방에 대한 배려입니다. 처음 만날 때 일대일이면 싫어하는 사람도 있으므로 동반자를 데려와도 괜찮다고 전해 놓으면 성공할 확률은 더욱 높아집니다.

가난한 사람은
키맨의 노하우를 훔치기 위해
무료 세미나에 참석한다.

부자는
키맨의 사고방식을 배우기 위해
기꺼이 돈을 지불한다.

동경하는 사람이 쉽게 바뀌지는 않지만 사업을 성공시키는 데 반드시 필요한 사람이나 지금 자신에게 유익한 것(정보, 지식, 인맥 등)을 제공해 주는 사람은 상황에 따라 달라집니다. 이러한 사람들을 이 장에서는 키맨key man이라고 부르겠습니다. 현재 자신에게 키맨은 누구인지 냉정하게 확인하고 그와 좋은 인간관계를 구축하는 것이야말로 스트리트 스마트로 성공하기 위한 핵심 요건입니다.

가난한 사람의 사고

"마케팅을 공부해야겠어. 이 사람은 인터넷에서 꽤 주목을 받고 있는데 근처에서 세미나도 하네. 한가할 때 한번 가 볼까?"

이는 키맨의 노하우만 훔치려고 하는 발상입니다. 선생님과 학생이라는 관계로 결론지으면 모처럼 키맨을 설정한 의미가 없습니다. 세미나는 시간이 한정되어 있으므로 키맨의 지식과 사고, 경험을 요약해서 말할 뿐입니다. 계기로는 좋지만 그것만으로 만족하면 안 됩니다.

부자의 사고

"인터넷에서 호불호가 갈리기는 해도 재미있는 말을 많이 하는 사람이구나. 사이좋게 지내면 분명히 많은 것을 배울 수 있겠지? 좋아, 이 사람에게 기대해 봐야겠다!"

부자의 사고
빈자의 사고

노하우를 배울 뿐만 아니라 키맨과 실생활에서도 친밀하게 지내려는 생각입니다. 이른바 키맨 신자가 되는 것이죠. 키맨과의 거리를 좁히려면 돈을 쓰는 방법이 가장 확실합니다. 물론 노골적으로 돈을 건네는 것이 아니라 책을 사서 읽거나 강연회에 몇 번씩 참석하는 것입니다. 강연회가 지방에서 열린다면 야간 버스를 타고 가서라도 참가해서 그 사람의 최고 고객이 됩시다.

강연회에 참가하면 반드시 맨 앞자리에 앉고, 강연 중에는 남보다 더 많이 고개를 끄덕여 보세요. 단상에 서는 사람은 누구나 긴장하고 자신의 이야기가 잘 전해지는지 불안해합니다. 고개를 끄덕이는 행동은 무언의 맞장구와 같으므로 '이야기를 잘 듣고 있다'는 의미로 전해져서 키맨도 의욕이 생깁니다. 그래서 좋은 이야기를 더 많이 하면 감사 인사를 받을 사람은 바로 여러분입니다. 그리고 강연이 끝나면 가장 먼저 인사하러 갑시다. 약소한 선물을 들고 가서 무엇을 배웠는지 말로 간결하게 전해 보세요. 이런 행동을 반복하면 좋은 인상이 남아서 키맨이 여러분의 얼굴과 이름을 기억할 수 있습니다.

참고로 저는 키맨을 발견할 경우 그 사람을 위해서라면 뭐든지 하겠다는 각오를 다집니다. 그 사람의 강연이 해외에서 열리더라도 아무런 망설임 없이 그곳으로 날아갑니다. 일본에서는 아무도 가지 않을 거라고 생각되는 장소에 직접 찾아가는 일에는 그만한 가치가 있습니다. 비행기 표값은 꿈을 이루기 위한 투자와 같습니다.

또는 그 키맨이 페이스북이나 트위터 등에 "이번에 지방으로 출장을 가는데 현지에서 함께 술 마실 분 계신가요?"라고 글을 올리면 그 술자리에 참석하기 위해 지방에 갑니다. 상대방이 "자네는 일부러 도쿄에서 온 건가?"라고 물어 보면 "선생님과의 술자리가 너무 기대되서 참지 못하고 왔습니다"라고 말하면 됩니다. 진심으로 그 사람의 팬이 되어 가치를 제공하려고 노력하면 반드시 거리가 가까워집니다. 아부만 해서는 안 되지만 좋은 의미에서 신자가 되는 것도 하나의 방법입니다.

상대방에게 가치를 제공하는 가장 쉬운 방법은 영향력 있는 자신만의 미디어를 보유하는 것입니다. 블로그에 천 명이나 되는 독자가 있고 메일 매거진에 만 명의 독자가 있으면 자신의 발언 하나로 그 나름의 영향력을 가질 수 있습니다. "제 메일 매거진에 선생님의 다음 번 세미나에 관해 미리 공지했습니다"라고 말하면 키맨도 당신을 소중히 생각해 줄 것입니다.

참고로 키맨을 선택할 때는 남들의 평판에 따라 결정하면 안 된다는 점을 기억해야 합니다. 자신의 판단을 우선시하고 주위의 평가는 전혀 신경 쓰지 않아도 됩니다. 타인의 평가는 입장이나 사고방식에 따라 당연히 달라집니다. 어쩌면 경쟁자가 상대방을 깎아내리기 위해 퍼뜨린 헛소문에 불과할지도 모릅니다. 진실은 직접 마음을 터놓고 만나 봐야 알 수 있습니다.

키맨과 좋은 관계를 무사히 구축한 후에도 몇 가지 주의해야 할 점이 있습니다. 가장 먼저 키맨의 노하우보다 사고방식을 배우려고 노력해야 합니다. 노하우란 표면적인 것에 지나지 않습니다. 키맨은 그 노하우로 돈을 벌 뿐이지 여러분이 생각하는 비즈니스 모델과는 다를 수 있습니다. 참고할 수 있는 부분은 많겠지만 그 사람의 사고를 배우는 것이 더 중요합니다. 사고라면 범용성이 높아서 자신에게 적용해서 생각했을 때 응용 효과가 있습니다. 게다가 사고법은 본인과 긴밀한 관계를 맺지 않으면 좀처럼 공개하지 않습니다. 키맨에게서 표면적인 노하우보다 그 사람의 사고방식을 배워야 한다는 점을 잊지 말기 바랍니다.

또한 타인에게 가르침을 청할 때는 솔직한 자세를 취하는 것이 매우 중요합니다. 명문대를 나온 사람이나 자신이 엘리트라고 굳게 믿는 사람은 일일이 반론하거나 자신의 의견을 늘어놓습니다. 키맨과 대등한 사업 파트너라면 의견을 주고받는 일도 필요하겠지만 가르침을 받는 입장이라면 우선 받아들이고 수긍해서 순순히 실행에 옮겨야 합니다.

마지막으로 경험담을 하나 더 소개하겠습니다. 키맨은 발언이나 행동, 일에서도 신속하므로 이야기를 할 때는 결론부터 전달하고 간결하게 말해야 합니다. 이메일을 보낼 때도 마찬가지입니다. 그리고 뭔가 결단을 강요받으면 그 자리에서 정하고 즉시 실행에 옮기세요. 상대방의 속도를 따라잡지 못하는 사람은 상대방이 꺼려하므로 주의하기 바랍니다.

부자의 사고
빈자의 사고

가난한 사람은
인생의 목적이 없기에
부자와 두 번 다시
만나지 못한다.

부자는
인생의 목적이 있기에
부자들이 좋아한다.

부자가 흥미를 느끼는 사람에게는 어떠한 특징이 있는데, 이는 바로 집
념이 있느냐 하는 것입니다.

부자가 싫어하는 사람의 사고

"네? 인생의 목표요? 음, 일단 결혼해서 아이를 낳고 행복한 가정을 꾸리는 것이라고나 할까요?(땀)"

인생의 목표가 확실하지 않은 사람은 독자 여러분 중에도 많을 것입니다. '부자가 되고 싶다', '출세하고 싶다'는 막연한 생각은 목표가 아닙니다. 목표가 없다는 것은 삶의 가치 기준이 없다는 뜻과 같습니다. 인생에 대한 집념과 열정이 없어서 눈앞의 장애물은 그저 피할 뿐이고 자신을 연마할 노력도 하지 않습니다. 부자들은 그런 점을 즉시 간파합니다. 그들이 함께 밥 먹는 시간이 의미 없다고 느낀 사람은 부자들과 만날 기회를 두 번 다시 얻지 못합니다.

부자가 좋아하는 사람의 사고

"제 인생의 목적은 40세에 퇴직해서 사랑하는 아내와 평온한 생활을 보내는 것입니다. 지금은 회사원이지만 내년 봄에 창업해서 10년 안에 연매출이 100억 원에 달하는 회사로 성장시키고 싶어요."

목표가 정해진 사람은 그 목표를 이루기 위한 계획을 세워서 실행에 옮깁니다. 그 목표가 꼭 돈일 필요는 없으며 호놀룰루 마라톤 대회에서 4시간 안에 완주하는 것이라 해도 상관없습니다. 목표를 위해 날마다 훈련을 거듭한다는 이야기를 한다면 부자도 반드시 여러분에게 흥미를 느낄 것입니다.

부자는 매사에 집념이 강한 사람을 좋아합니다. 요즘 들어 많은 사람들이 최신 전자기기를 갖고 있다는 점을 자주 느낍니다. 일례로 사전 미팅 자리에서도 모두가 당연하다는 듯이 아이패드나 스마트폰을 사용해서 이야기를 진행하는 모습을 볼 수 있습니다. 유행하기도 하고 비즈니스에서 쓸 만하기 때문에 태블릿 기기를 소유한 사람이 어쩐지 많아 보이지만, 실제로 그 기기를 잘 다루는 사람은 극히 일부입니다. 단순히 게임기로 이용하는 사람도 있으니까요. 하지만 진짜 부자들은 애플의 마케팅에 넘어가서 상품을 구입하지 않습니다. 그들은 그 상품을 구입하면 어떤 일을 할 수 있고 무엇을 하지 않아도 되는지, 자신의 사업 결과에 어떤 영향을 주는지 등을 철저히 고려해서 구입합니다.

또 집념이라는 점에서 보면 제 주위에는 건강관리에 몰두하는 사람이 많습니다. 헬스클럽에 다니며 정기적으로 운동하고 식사나 음주를 조절하는 사람을 자주 보는데, 병에 걸리면 자유로운 생활이 어려우므로 확실한 목적의식을 갖고 스스로를 관리하는 것입니다.

지금 여러분은 무엇에 집념을 발휘하고 있습니까? 만일 아무 것에도 집념이 없다면 부자가 상대해 주지 않을 것입니다. 그들과 만날 수 있는 기회는 언제 찾아올지 알 수 없습니다. 모처럼의 기회를 놓치지 않도록 지금부터라도 인생에 강한 집념을 가져야 합니다. 음악이나 패션, 독서, 영화, 여행, 예술, 운동 등 어떤 분야든지 상관없습니다.

부자의 사고
빈자의 사고

가난한 사람은
혼자 고군분투하며
부를 만들어내려고 한다.

부자는
팀의 힘을 빌려서
부를 만들어낸다.

많은 사람들이 사업에서 큰 성공을 거둔 사람은 특출한 능력을 지녔고
자신의 힘으로 길을 개척했다고 생각합니다. 그렇기 때문에 자신은 부
자가 될 수 없다며 꿈을 포기합니다. 그러나 이는 크게 잘못된 생각입니
다. 개인의 능력에는 별다른 차이가 없습니다. 그렇다면 왜 인생에 큰
차이가 생기는 걸까요?

"드디어 내 회사를 마련했어. 계속 영업도 하러 다니고 현장도 둘러 봐야지. 잠잘 시간이 줄겠지만 내가 열심히 노력할수록 회사는 반드시 더 커질 거야."

뭐든지 자기 스스로 하고 싶어 하는 사람의 전형적인 사고입니다. 사장이 게으름을 피우는 것보다는 낫지만 의사 결정이나 자금 융통, 인맥 만들기 등 사장만이 할 수 있는 일이 많습니다. 심지어 시간제 근로자를 고용하고도 사장이 사무 작업을 하느라 바쁜 곳도 있습니다. 사장에게는 사원을 육성하는 일도 중요합니다. 무슨 일이든지 직접 하면 부하 직원은 성장하지 못합니다.

부자 사장의 사고

"나는 경영에 전념해야 하니 현장 관리는 A씨한테 일임해야겠어.

또 경리에 강한 사람이 부족하니까 인재를 좀 더 찾아볼까?"

일은 혼자서 처리하는 것보다 팀이 함께 움직이는 편이 훨씬 효율적입니다. 전략은 사장이 짜더라도 사장이 일일이 다 할 필요는 없습니다. 전략을 팀원들이 제대로 공유할 수 있다면 나머지 일은 다른 사람이 끝까지 진행하면 됩니다. 그러는 동안 사장은 다른 프로젝트를 준비하고요. 사장 혼자서는 동시에 세 가지 일밖에 못한다고 해도 사원을 고용하고 협력 회사의 힘을 빌리면 동시에 백 가지 일도 할 수 있습니다.

팀을 이끄는 능력은 사업을 성공시키는 데 반드시 필요합니다. 여기서 그 비결 몇 가지를 알려드리겠습니다. 무엇보다 상대방을 존중하는 것이 가장 중요합니다. 부하 직원에게 일을 부탁할 때나 외주를 줄 때 돈을 지불하니까 빨리 하라는 식의 태도를 취해서는 절대로 안 됩니다. 그보다 '당신은 우리 팀의 소중한 일원이다'라는 생각을 전하도록 합시다. '모두 함께 프로젝트를 성공시키자!'라는 일체감이야말로 팀원들의 집중력을 높입니다.

또한 평소의 소통도 간과해서는 안 됩니다. 예전에 제가 세미나 참가에 너무 몰두한 나머지 사원이 모두 떠났을 때 반성했던 점을 미루어 봐도 특히 강조해 두고 싶습니다. 직장에서 무심코 나눈 잡담, 때로는 직장을 벗어나 식사하거나 여행하는 일 모두 중요합니다. 꾸밈이 없는 인간성을 보여 주면 진심이 담긴 이야기도 나눌 수 있습니다. 또 팀의 유대도 강해져서 어려운 일에 직면했을 때 서로 도우며 그 장애를 극복해나갈 수 있습니다.

마지막으로는 업무상의 의사소통을 꾀하는 방법에 대해 이야기할까 합니다. "나는 이렇게 생각했는데 자네는 어떻게 생각하나?"라고 의견을 묻는 경우도 있고, 반대로 자신의 계획을 끝까지 밀고 나가기 위해 끈기 있게 설득하는 경우도 있습니다. 제 경우에는 데일리 메일이라고 칭하고 '달성한 일, 배운 점, 난처한 일, 물어 보고 싶은 점'을 날마다 팀원들 모두가 써서 공유하도록 했습니다. 누가 어떤 점에서 좌절했는지 잘 알 수 있으므로 경영자는 물론 모든 사람에게 적극 추천합니다.

가난한 사람은
타인의 성공법칙을
반만 듣는다.

부자는
타인의 성공법칙을
전부 실행에 옮긴다.

동경하는 사람이나 키맨과 만났을 때 일단 듣는 역할을 제대로 수행해
야 한다는 이야기는 이미 했습니다. 그들이 하는 말을 흘려듣지 않고 말
속에 숨은 철학까지 이해해야 의미가 있습니다.

조언을 들은 가난한 사람의 사고

"꽤 참고가 되었지만 내 경우에는 상황이 조금 다르니까 전부 받아들일 수는 없어."

맞는 말이라고 고개를 끄덕이며 이야기를 전부 듣기는 하지만 참고만 합니다. 자기 나름의 전략을 갈고닦기 위한 약간의 조언 정도로만 생각하는 패턴입니다. 조언을 한 사람과 업계가 완전히 다르다면 그럴 수도 있겠지만, 자신이 되고 싶은 모습의 사람이 해 준 조언에 자기 해석을 섞어서 과소평가하면 얻을 수 있는 효과도 당연히 반감됩니다. 또 조언해 준 사람도 듣는 사람이 아무 행동도 하지 않으면 실망해서 다음부터 조언해 주지 않습니다.

조언을 들은 부자의 사고

"대단하네. 이게 바로 성공 비결이구나. 좋아, 당장 실천해 봐야지!"

부자의 사고
빈자의 사고

"그때 어떻게 행동했습니까?"

"어떤 생각을 했습니까?"

"계기는 무엇이었습니까?"

"무엇을 배웠습니까?"

만일 제가 동경하는 사람을 만났다면 이처럼 질문이 끊이지 않고 나올 것입니다. 그 사람의 모든 점을 배우고 싶으니까요. 때때로 질문이 너무 직설적이라서 상대방이 당황할 수 있습니다. 하지만 그 사람과 만날 수 있는 기회가 두 번 다시 오지 않을지도 모릅니다. 부끄러워하지 않고 물어 보는 수밖에 없습니다. 그러는 동안 자신의 열정이 상대방에게도 전해집니다.

제 경우에는 상대방에게 열중해서 얻은 조언을 전부 받아들이고 최대한 빨리 실행에 옮기고자 합니다. 그동안 제 자신이 쌓아 온 것이 쓸모없어졌다 해도 말이죠. 성공한 사람의 이야기를 들어 보면 대체로 성가신 과정을 거친 경우가 많습니다. 약간의 수고가 필요하다는 의미라 당장 실천하려면 조금 귀찮거나 위험이 큰 경우가 있습니다. 하지만 현재의 편안함을 유지하고 싶다는 생각으로 모처럼 얻은 조언을 저버린다면 너무 아깝습니다.

일단 의심하지 맙시다. 애당초 제몫을 못하는 자신이 생각한 것은 아무런 가치도 없습니다. 상대방의 조언을 단편적으로 활용하는 행동은 자기 나름의 아이디어나 사업으로 결과를 낸 후에 하면 됩니다. 결과가 나왔다는 것은 자신도 제몫을 하게 되었다는 증거입니다. 그 시점에서는 다른 사람의 조언을 활용하고 자신의 아이디어를 수정하여 더 좋게 만드는 자세가 필요합니다. 누군가는 "사람들이 그렇게 쉽게 성공의 비결을 알려 줍니까?"라고 물을 수도 있습니다. 그렇지만 여러분이 상대방을 존경하고 그를 돕기 위해 어떤 고생도 마다하지 않는다는 진심이 전해지면 상대방 또한 성공하는 비결을 아낌없이 공유할 것입니다.

가난한 사람은
사고가 정지된 상태로
다른 사람과 어울린다.

부자는
어떤 판단 기준을 토대로
다른 사람과 어울린다.

자신이 속한 세계에서 벗어나 다양한 사람들과 교류하다 보면 자신의
성장을 방해하는 사람도 만날 수 있습니다. 이제, 어울리면 안 되는 사
람을 간파하는 비결을 소개하며 이 장을 매듭짓도록 하겠습니다.

이런 사람과는 어울리면 안 됩니다!

- 여러분에게서 뭔가를 빼앗으려고 하는 사람
- 부정적인 사고를 하는 사람
- 자기 자신을 강매하는 사람

시간과 돈, 인맥, 지식, 기술 등 여러분이 갖고 있는 뭔가를 일방적으로 빼앗으려고 하는 사람과는 어울리면 안 됩니다. 특히 돈은 영향력이 큽니다. 사업에서 조금 성공하면 깜짝 놀랄 정도로 많은 사람이 주변에 모여드는데, 그럴 때 모든 사람과 대등하게 어울릴 여유도 없고 그럴 필요도 없습니다. 따라서 순식간에 상대방을 간파해서 어울릴 만한 사람인지 피해야 할 사람인지 파악하는 능력을 갖추는 것이 중요합니다.

이 책에서 여러 번 말했듯이 타인에게서 배우기는 해도 빼앗으면 안 됩니다. 인간관계란 신용이 계속 쌓여야 형성되므로 상대방에게 제공하는 것이 기본입니다. 어차피 제공할 것이니 빼앗겨도 된다는 이치도 상대방이 일방적으로 빼앗으려고 하는 경우에는 성립되지 않습니다. '나는 늘 기부 활동을 하니 집에 도둑이 들어도 괜찮다'

고 생각하는 사람은 없겠지요?

부정적인 사고를 하는 사람, 즉 자신이 왜 실패하는지 변명만 하는 사람이나 현재 상태에 대한 불만만 늘어놓는 사람과 어울리는 일도 최대한 피하기 바랍니다. 부정적인 사고란 다른 말로 사고 정지 상태를 뜻하며 이 경우 생산성이 전혀 없습니다. 또 부정적인 사고나 긍정적인 사고는 전부 쉽게 전염됩니다. 불평이 많은 술자리에 있는 것만으로도 자신의 사고가 휩쓸릴 수 있으므로 주의해야 합니다. 참고로 신중함과 부정적인 사고는 별개입니다. 성공하는 사람들의 대부분은 굉장히 긍정적인 사고를 갖췄지만, 대체로 그 사람의 근처에는 참모 역할을 하는 신중한 사람이 붙어 있습니다.

마지막으로 주의해야 할 인물은 '내 의견은 반드시 정확하므로 나를 따르면 틀림없이 성공한다. 다른 사람이 하는 말은 전혀 듣지 않아도 된다'는 식으로 자기 자신을 강매하는 사람입니다. 요컨대 자신의 신자가 되라고 강요하는 사람입니다. 특히 세미나 및 코칭 분야처럼 자신이 상품인 업계에서 자주 볼 수 있습니다. 여러분이 스스로 신자가 되는 것은 상관없지만 신자가 되라고 강요하는 것은 단순한 세뇌에 불과하므로 절대 휩쓸리지 마세요. 품격 있는 사람이라면 그런 일은 결코 하지 않습니다.

- 당신에게 뭔가를 주려고 하는 사람
- 긍정적인 사고를 하는 사람
- 주변에 사람들이 저절로 모여드는 사람
- 위의 조건을 전부 겸비한 사람

앞에서 설명한 '어울리지 말아야 할 사람'과 정반대의 사람입니다. 조금 다른 점은 세 가지 특징을 전부 겸비했다는 조건이 추가되었다는 것입니다.

예를 들어, 업종 교류회 등의 모임에 참석했는데 아는 사람이 아무도 없다면 어떤 사람과 이야기해야 될지 몰라서 헤매게 됩니다. 이럴 때는 모임의 중심에 있는 사람이 좋은 기준이 됩니다. 사람이 모이는 곳에는 다 이유가 있기 마련입니다. 사람들이 모두 특정 인물 주변에 모여든다면 아마 그 사람이 발산하는 긍정적인 매력에 끌린 것일 테지요. 그러므로 그 사람을 노려보는 것이 좋습니다. 일단은 그 사람이 하는 말에 귀를 기울이고 그가 보이는 행동, 표정 등을 살핀 후 대화를 할 수 있을 만한 주제를 생각해 다가가 보세요.

반대로 회장 구석에서 홀로 조용히 밥을 먹는 사람은 일단 피합시다. 선입견은 위험하지만 어울리지 못하는 것에도 이유가 있는 법입니다.

제3장

부자의
자기 투자 기술

저금을 하는 대신 자기 자신에게 투자해라.

- 헨리 포드Henry Ford

POORMAN

VS

RICHMAN

가난한 사람은
눈앞의 쾌락을 위해
돈을 지출한다.

부자는
목표로 하는 연봉을 얻기 위해
돈을 지출한다.

부자에게는 부를 늘리기 위한 기술을 필사적으로 터득한 자기 투자 기
간이 반드시 존재합니다. 자신의 장래를 위해 시간과 돈과 체력을 쏟아
붓는 일이야말로 진정한 자기 투자입니다.

월급을 받은 후 가난한 사람의 사고

"야호! 드디어 월급날이구나! 일단 오늘 밤에는 클럽에 가서 실컷 놀고 주말에는 슬롯머신을 하러 가야지! 사장님이 가끔은 세미나에 참가하라고 하셨는데, 뭐 이번 달에 돈이 남으면 한번 생각해 봐야지."

일반인이 월급을 사용하는 방법에는 세 가지 패턴, 즉 생활비, 용돈, 저축밖에 없습니다. 그래서 유감스럽게도 자기 계발을 위해 돈을 투자한다는 발상이 비집고 들어갈 틈이 없습니다. 오히려 "학교를 졸업했는데 또 공부하라고?"라며 정색하는 사람도 많습니다. 이런 생각은 월급 사고를 갖춘 사람에게서 많이 볼 수 있습니다.

심지어 돈을 모으지 못하는 사람은 절망적인 상황에 놓여 있다고 할 수 있습니다. 그들의 공통점은 월수입이 200만 원에서 300만 원으로 올라도 결코 저축으로 돌릴 만한 돈이 남지 않는다는 점입니다. 월수입이 오른 만큼 사소한 사치를 거듭해서 월말에는 수입과 지출의 균형이 무너지는 현상이 일어납니다. 이래서는 부자가 되기는커녕 빚더미 지옥으로 굴러 떨어지고 맙니다.

부자의 사고
빈자의 사고

월급을 받은 후 부자가 될 사람의 사고

"300만 원 중에 100만 원은 자기 계발을 위해 써야지. 매우 풍족한 생활은 할 수 없겠지만 이전까지 200만 원으로도 생활했으니까 못할 것도 없지 뭐."

부자가 될 사람은 남는 돈으로 자기 자신에게 투자하는 것이 아니라, 먼저 자신에게 투자하고 남은 돈으로 생활하려고 한다는 점에서 가난한 사람과 차이가 있습니다. 만일 생활비로 남는 돈이 별로 없다 해도 아침에 도시락을 싸서 점심값을 줄이거나 담배 및 저녁 반주를 삼가는 등 절약할 방법은 얼마든지 있습니다.

제가 추천하는 자기 투자의 기준은 '희망 연봉의 10%'입니다. 연봉으로 1억 원을 받고 싶으면 연간 1000만 원, 10억 원을 받고 싶으면 연간 1억 원을 사용해야 합니다. 실제로 저는 지금도 이 계산식을 기준으로 해서 자기 투자를 계속하고 있습니다.

자기 자신에게 투자하는 목적에는 기술을 익히기 위한 투자와 자신의 수준을 높이기 위한 투자가 있습니다. 전자는 서적 구입이나 학원, 세미나, 강연회에 참가하는 등 배우기 위해 돈을 쓰는 행위를 말합니다. 또 기술을 배울 목적으로 사람과 만날 때 사용되는 교제비도 여기에 포함됩니다. 후자는 경험의 폭을 넓히기 위한 투자로, 고급 레스토랑에서 식사하거나 오케스트라 연주를 들으러 가거나 해외여행을 가는 것입니다. 기술 향상을 위한 투자는 조금 의욕이 있는 사람이라면 이미 실천하고 있는 사람이 많지만, 자신의 수준을 높이기 위한 투자에는 망설이는 사람이 매우 많습니다. 결과를 쉽게 알 수 없기 때문입니다.

돈을 쓰지 않고 자기 자신에게 손쉽게 투자하는 방법도 있습니다. 고급 호텔의 로비에 가서 사람을 관찰하는 것입니다. 부자의 복장이나 자세, 표정, 행동, 손에 들고 있는 신문이나 잡지, 휴대전화로 부하 직원으로 여겨지는 사람에게 지시를 내리는 방법 등을 관찰하고, 또 일류 호텔 직원의 서비스 정신도 잊어서는 안 됩니다. 그야말로 살아 있는 교과서나 마찬가지입니다. 이런 경험들이 쌓여 사람의 깊이가 달라집니다.

가난한 사람은
금융 상품에 투자해서
푼돈을 번다.

부자는
자기 자신에게 투자해서
600%의 수익률을 낸다.

돈과 시간, 힘을 들여서 장기적으로 원금보다 더 많이 회수하면 할수록 투자 이율이 높아집니다. 아무도 원금을 잃고 싶지 않겠지만, 실패가 두려워서 작은 투자를 해봤자 변변찮은 이익밖에 얻지 못합니다. 이는 자기 투자든 금융 상품이든 다 똑같다고 할 수 있습니다. 큰 이익을 얻고 싶으면 투자한 돈을 잃을 위험도 감수해야 합니다.

"나는 돈 버는 재주가 없으니 일단 부지런히 모아 나중에 금융 상품에 본격적으로 투자해야지. 다행히 증권회사에 믿을 만한 사람도 몇 명 정도 있으니."

정말로 우수한 펀드 매니저에게 맡기면 확실히 여러분이 집에서 TV를 보는 동안 큰 이자율을 만들어낼 수도 있습니다. 하지만 현실적으로 금융 상품에 투자하는 것만으로 생활하려면 최소한 수십억 원의 돈을 마련해야 용돈 정도의 이익을 기대할 수 있습니다. 다시 말하지만, 사업에서 크게 성공하여 수십억 원의 투자 자금이 생긴 후에 시도하세요.

부자의 사고

"금융 상품으로 얻을 수 있는 이자는 안 봐도 뻔하지. 그 정도에 내 수입을 쓸 정도라면 나에게 투자하는 편이 훨씬 낫겠어."

예를 들어 현재의 연봉이 1억 원이고 저축금 5000만 원이 있다고 합시다. 그 돈을 시험 삼아 전액 금융 상품에 투자해 1년 후에 10%가 증가한 상태로 돌려받았다고 해도 어차피 이익은 500만 원에 불과합니다. 그렇다면 5000만 원을 자기 자신에게 투자해서 연봉을 2억 원으로 올리는 방법이 훨씬 더 이율이 좋다는 사실을 아셨겠지요? 참고로 저는 지금까지 자기 투자에 10억 원 이상을 사용했는데 실제로 이율이 500%, 600%에 달합니다. 결국 자기 자신만큼 이율이 좋은 투자 상품은 없습니다.

금융 상품을 구입한다는 것은 돈을 다른 사람에게 맡긴다는 것을 의미합니다. 돈이 한 번 자신의 손을 떠나면 컨트롤할 방법이 없고, 만일 운용에 실패한 경우 누구를 탓할 수도 없습니다. 2장에서도 말했듯이 자기 자신에게 투자한다고 해도 선택지는 다양합니다. 따라서 자기 투자가 재미있는 것입니다. '이 분야에 조금 흥미가 있으니 기술을 배워 볼까?' 하고 소액을 투자해 보면 그 행동이 나중에 큰 성과로 돌아오는 경우도 생깁니다. 물론 저처럼 평범한 사람이 인생을 진심으로 바꾸고 싶어 한다면 돈, 시간, 힘을 전부 투자해야 합니다. 즉 갬블 용어로 말하면 '올인'해야 한다는 뜻입니다. 한

가지 기술에 올인해서 활로를 개척하는 것이 중요합니다.

　이 자기 투자의 발상은 일류 회사원도 갖추고 있습니다. 이를테면 제 세미나에 참가하는 회사원 중에는 "세미나 비용을 경비로 신청하면 아마 나오기는 하겠지만, 학습 의욕이 줄어들기 때문에 자비로 참가했습니다"라고 말하는 사람도 있습니다. 자기 투자를 시작하는 것은 당연히 빠르면 빠를수록 좋으나, 반대로 너무 늦은 시기도 없습니다. 지금 당장 자신이 희망하는 연봉의 10%를 자기 자신에게 투자하는 일부터 시작합시다.

가난한 사람은
빈 시간을 활용해서
공부한다.

부자는
다른 일을 희생해서라도
공부에 집중한다.

제 경험으로는 어떤 분야에서 가시적인 결과를 내려면 최소한 1천 시간을 공부해야 한다고 생각합니다. 반대로 말하면 그만큼의 시간을 들이면 새로운 일이라도 성과가 나온다는 뜻입니다. 예컨대 저는 오로지 코칭에 관해서만 공부한 시기가 있었고, 남들 앞에서 이야기하는 연습만 쉴 새 없이 한 적도 있었습니다. 또 집중해서 문장력을 연마한 시기도 있었습니다. 모두 단기간이지만 집중적으로 단련했더니 좋은 결과로 나타났습니다.

공부에서 침체 상태에 빠진 사람의 사고

"이번 주에는 일이 너무 바쁘니까 영어 회화 수업을 쉬는 수밖에 없겠어. 다음 주부터 더 열심히 해야지!"

돈에 관한 예와 마찬가지로 이 사람은 시간이 남으면 뭔가를 하려고 생각합니다. 그런 물러 터진 생각으로는 공부 시간을 좀처럼 확보할 수 없습니다. 수요일 저녁에 영어 회화 수업이 있다면 수요일에는 무조건 정시에 퇴근할 수 있도록 일을 미리 처리해 두거나 스케줄을 다른 날로 조정해야 합니다. 만일 그 일정이 고객 접대였다면 분명히 '바쁘니까 취소하자'고 쉽게 결정하지는 않았을 겁니다. 다시 말해 위와 같은 사람에게는 자기 투자의 우선순위가 낮다는 증거입니다.

또한 사람은 뭔가를 배울 때 되도록 긴 시간을 할애해야 쉽게 터득할 수 있습니다. 회사원이라 해도 진심으로 공부할 생각이라면 빈 시간을 이용해서 틈틈이 공부하는 것 외에 '저녁 8시부터 12시까지는 공부 시간으로 정하겠어'라는 굳은 의지가 필요합니다. 그리고 자신과의 약속을 지키기 위해 악착같이 노력해야 합니다.

공부의 성과를 단기간에 내는 사람의 사고

"뭔가를 배우기로 했으니 다른 것을 조금 희생하더라도 성과가 나올 때까지 열심히 해야지!"

저는 일본에서 태어나고 자라서 다른 일본인들과 마찬가지로 학창 시절에 영어를 한마디도 할 수 없었습니다. 그러다 대학을 다니던 어느 날, 해외에서 성행하던 자기계발을 본고장에서 배우고 싶다는 생각에 미국으로 가기로 결정했습니다. 미국에 가겠다고 결심한 후 반년 동안 오로지 영어 공부만 했습니다. 짧은 시간에 최대한의 성과를 내려면 일단 일상적으로 영어를 접해야겠다고 생각해서 통학뿐만 아니라 외출 시 이동하는 중에도 줄곧 이어폰을 꽂고 영어 회화를 들었습니다. 하지만 읽고 쓰고 듣는 것만으로는 미국에서 생활할 수 없습니다. 역시 해외에 가야 하니까 회화가 중요하겠다는 생각에 미국인 선생님의 사무실에 용건도 없이 방문해서 잡담을 나누기도 하고, 여름 방학 때는 학생식당에서 외국인 유학생을 발견하면 계속 말을 걸고 밥을 함께 먹는 등 여러 방면으로 노력했습니다. 저녁에는 외국인이 모이는 바에도 얼굴을 내밀었고 길거리에서 외국인을 보면 말을 걸기도 했습니다. 또한 부모님의 허가를 받지 않은 채 홈스테이를 신청해서 유학생을 집에 초대하기도 했는데 저로서는 가장 좋은 경험이었습니다. 예상했던 대로 부모님은 기가 막혀 했지만요.

이런 착실한 노력 덕분에 저는 일본에 있으면서도 생생한 영어를 구사할 수 있었습니다. 그때의 저는 영어를 배우는 것이 최우선이었습니다. 영어 공부만 생각했기 때문에 남보다 더 빨리 흡수할 수 있었다고 생각합니다. 어떤 목표를 위해 공부하는 일은 자기 자신에게 시간을 투자하는 것과 같습니다. 그런 생각을 가졌기에 친구와 일시적으로 조금 멀어져도 크게 신경 쓰지 않을 수 있었습니다.

부자의 사고
빈자의 사고

가난한 사람은
정보를 모으며
자기만족에 빠진다.

부자는
정보를 제공하며
수익을 만들어낸다.

요즘 시대에 인터넷을 활용하지 않는 사람은 찾아볼 수 없습니다. TV 나 신문을 멀리하는 현상을 봐도 알 수 있듯이 정보를 수집하는 자세가 크게 달라진 것입니다. 페이스북, 유튜브, 트위터, 블로그, 메일 매거진, RSS 리더 등 웹 미디어를 통해 정보를 모으는 방법은 현대를 살아가 는 회사원, 사업가 모두에게 필수적인 기술입니다.

정보를 모으는 가난한 사람의 사고

"이 메일 매거진에는 항상 좋은 내용이 쓰여 있네. 이 블로그는 유용한 정보를 알려 주고. 아무리 생각해 봐도 난 역시 정보 수집을 참 잘해. 전부 훑어보는 일은 힘들지만 정보가 계속 들어오니까 나도 점점 박식해지겠지?"

정보 수집 자체에 지나치게 열중하는 사람이 있습니다. 여기에는 중대한 점이 빠져 있을 수 있습니다. "시간을 들인 만큼 정말로 수익이 생기고 있습니까?"라고 묻는다면 보통 갸우뚱할 것입니다. 그 정보 덕분에 수익이 생긴다면 아무런 문제가 없으나 그렇지 않다면 이는 단순한 자기만족에 지나지 않습니다. 예를 들어 영업 사원의 업무는 최대한 많은 계약을 따는 것이지, 업계의 정보를 사들이는 일이 아닙니다. 물론 정보가 있으면 영업 전략에 유용하게 쓸 수 있으므로 때때로 시간과 돈을 들여서라도 정보를 모아야 하는 경우가 있습니다. 하지만 정보를 모으는 일 자체가 부를 만들어내지 않는다는 당연한 사실을 많은 사람들이 망각하고 있습니다.

다시 말해 어느덧 수단이 목적으로 바뀌었다는 뜻입니다. 이미

부자의 사고
빈자의 사고

인터넷상에는 많은 정보들이 돌아다니고 있습니다. 아무리 자기 스스로 나쁜 정보를 걸러 가면서 얻었다고 해도 금세 용량이 가득 찰 것입니다. 특히 정보 수집이 목적으로 바뀐 사람은 언제 어디에 사용할지도 모르는 정보를 '바쁘다, 바빠'라고 하면서 끊임없이 모으려고 합니다. 완전히 정보에 휘둘리는 상태입니다.

정보를 제공하는 부자의 사고

"인기 있는 블로그나 팔로워가 많은 SNS를 다시 보니 좋은 정보가 있는 곳에는 사람과 정보가 모이는 것 같아. 나도 인터넷에서 아낌없이 정보를 제공하다 보면 내가 있는 곳에도 사람과 정보가 모여들겠지?"

모든 사람들이 필사적으로 정보를 모으려고 하는 이유는 정보가 자산이라 생각하기 때문입니다. 형태가 없는 자산이라 제대로 활용해야만 돈이 생기지만, 많은 사람들이 '남보다 좋은 정보를 가지면 우위에 설 수 있다'고 믿습니다. 그렇다면 정보에 몰리는 것보다 제공하는 입장에 서는 편이 압도적으로 우위를 차지할 것입니다. 좋은 정보가 있는 곳에는 사람과 돈이 저절로 모이고, 사람이 모이면 새로운 정보가 더 모이고, 훨씬 더 질 좋은 정보를 발신할 수 있을 테니까요.

여기까지 읽었으면 이미 상상했겠지요? 요즘 시대에 스트리트 스마트로 돈을 벌고 싶다면 자신만의 미디어를 만드는 데 힘을 쏟아야 합니다. 타인이 제공하는 정보를 모으느라 하루의 반을 빼앗길 바에야 차라리 그 시간을 들여서 최신 SNS 활용 기술을 배우고 문장력을 연마해서 실제로 정보를 만들어내면 더 많은 돈을 벌 수 있습니다.

가난한 사람은
상사의 의견만
듣는다.

부자는
모든 사람의 의견을
듣는다.

부자들은 자신이 돈을 벌려고 마음먹은 영역이 정해진 시점부터 보통
사람들이 상상하지 못할 정도의 탐욕을 보이며 지식을 흡수해 나갑니
다. 이런 사람들은 자신보다 나이가 어린 사람이라 해도 순순히 머리를
숙이고 가르침을 청합니다.

가난한 사람의 사고

"나는 명문대를 나왔고 외국계 기업 출신이야. 변두리 삼류대를 나온 사람들과는 사정이 다르지. 내가 적극적으로 나서는 사업이 실패할 리 없잖아?"

이는 맹목적으로 자존심을 세우는 사람의 사고입니다. 아마 이 사람은 자신보다 직함이나 연봉이 높은 사람의 조언만 들을 것입니다. 고학력의 일류 기업 출신자들이 창업에 실패하는 경우가 실제로 꽤 많은 것이 현실입니다. 사람은 자신을 과신한 나머지 겸손함을 잃었을 때 허점을 찔립니다. 예전의 제가 사원을 전부 잃었을 때처럼 말이죠. 이런 사람은 새로운 지식을 배우려는 의욕을 보이거나 자신이 해 온 일을 반성하려는 행동을 좀처럼 하지 못합니다. 자존심은 잘 이용하기만 하면 자신의 가치를 높일 수 있는 도구지만, 평범한 사람이 평소에 갖고 있는 자존심은 자신에게 부과된 족쇄에 지나지 않습니다.

자신에게 주어진 사명에 자존심을 세우는 행동은 훌륭합니다. '업계에 혁명을 일으키고 싶다!', '한 사람의 고민이라도 해결해 주고 싶다!', '지역 산업을 활성화시키고 싶다!', '주변 사람들을 행복하게 만들고 싶다!' 등은 전부 숭고한 이념입니다. 이런 멋진 사명을 내세우면 사람들이 저절로 모여듭니다. 그러나 그 사명을 제외한 나머지 일에 대한 자존심은 빨리 버리는 편이 좋습니다. 특히 자기 자신에 대한 자존심은 전혀 쓸모없습니다. 심지어 주위 사람들이 도움의 손길을 내미는데도 참견하지 말라며 홀로 고군분투한 결과 모든 것을 다 잃어버린 사람도 여럿 알고 있습니다.

"전에 다니던 회사에서 최고의 영업 사원으로 표창을 받은 적이 있습니다."

"대단하네요. 그럼 최근의 영업 성적은 어떻습니까?"

"예전보다는 저조하지만 그래도 나쁘지 않습니다."

또는 다음과 같은 경우도 많습니다.

"저는 일류 미대 출신이고 대규모 광고기획사의 인기 있는 크리에이터였어요. 독립만 하면 당연히 여기저기서 데려가려고 하지 않겠어요?"

"디자인을 잘하는군요. 하지만 고객은 회사 브랜드를 따지지 않았나요?"

"그렇긴 하지만 전 실력 있는 크리에이터인 걸요."

이렇듯 과거에 쌓아 올린 작은 실적이나 아무래도 상관없는 경력에 도취된 사람이 얼마나 많은지 모릅니다. 좌절을 경험하지 않아 겸손해지는 것을 배우지 못한 사람들입니다. 여러분은 과거의 경력에 도취되지 말고 지금 이 순간에 집중하기 바랍니다.

부자의 사고

"연매출 150억 원의 회사를 경영했지만 경쟁에서 진 탓에 망하고 말았어. 이는 내 경영 방침이 잘못됐다는 뜻이겠지? 지금부터는 모든 사람의 의견에 관심을 갖고 주의 깊게 들으며 처음부터 다시 공부해야겠다."

부자는 매우 겸손합니다. 그 배경에는 큰 실패를 겪은 경험이 존재합니다. 부모에게 물려받은 회사를 송두리째 날려 버리는 경우가 많은 것도 창업할 때 고생을 해 보지 않았기 때문입니다. 그래서 '선대는 좋은 사람이었는데 2대는 별로다'라는 이야기도 자주 듣습니다. 겸손해진다는 말은 현재 자신의 행동을 바꿀 각오와 새로운 일을 배울 의지가 있다는 뜻입니다. '나 같은 놈은 그리 대단한 사람이 아니다'라고 생각하기 때문에 다른 사람의 이야기를 순순히 들을 수 있고 남을 도울 수 있는 것입니다.

가난한 사람은
고민이 생기면
일단 멈춰 선다.

부자는
고민을 해결하면서
계속 앞으로 나아간다.

저는 19세 때 처음으로 자기계발서를 읽었습니다. '무엇을 위한 인생인가?', '풍족한 인생을 누리려면 어떻게 해야 좋을까?'처럼 사춘기에 누구나 한 번은 생각하는 궁금증을 떨쳐 버리고 싶었을 때 우연히 자기계발서를 접했습니다. 여러 가지 책을 닥치는 대로 읽었더니 조금씩이기는 하지만 궁금증이 해소되는 느낌이 들었습니다. 그랬더니 이번에는 자기계발서에 대한 흥미가 더욱 깊어졌습니다. 더구나 자기계발서는 해외의 저자가 쓴 책이 많아서 결국 자기계발 분야의 본고장을 알고 싶다는 마음까지 생겼습니다.

고민이 생겼을 때 가난한 사람의 사고

"일, 연애, 가정, 교우관계. 내 인생은 참으로 괴로운 일투성이네. 하물며 아무리 고민해도 해결될 것처럼 보이지도 않아! 어떻게 하지? 이런 생활은 이제 지긋지긋해!"

　고민하는 행위는 지극히 자연스러운 일입니다. 하지만 이를 스스로 해결할 수 있느냐 없느냐는 상황에 따라 다릅니다. 이를테면 키가 작아서 고민하더라도 시간 낭비일 뿐입니다. 마찬가지로 중졸이라고 고민해도 갑자기 학력이 달라지지 않습니다. 선천적인 것이나 과거에 일어난 일처럼 자신의 의지로 바꿀 수 없는 일은 고민해봤자 의미가 없습니다. 당연하다고 생각할 수도 있겠네요.

　이 책을 읽고 있는 여러분도 바꿀 수 없는 과거의 일로 괴로워하는 나날을 보낼지도 모릅니다. 그런 사람에게 미국의 신학자 라인홀드 니버Reinhold Niebuhr의 기도문을 선사하겠습니다.

　"주여, 우리가 바꿀 수 없는 일은 그대로 받아들일 수 있는 마음의 평온을, 바꿀 수 있는 일은 바꾸는 용기를, 그리고 이 두 가지의 차이를 구별할 줄 아는 지혜를 주옵소서."

여러분은 이제, 바꿀 수 없는 과거가 아니라 지금 자신이 할 수 있는 현재의 일에 주목하기만 하면 됩니다.

고민이 생겼을 때 나의 사고

"사람은 모두 고민을 떠안고 있지. 그 말은 나와 똑같은 일로 과거에 고민한 사람이 분명 어딘가에 있다는 뜻이야. 그럼 그 사람에게 해결책을 물어보면 어떨까? 어쩌면 앞으로 내가 다른 사람의 고민을 해결해 주는 사람이 될 수도 있을 테니까."

경영으로 고민하는 사람은 경영 컨설턴트나 경영자 선배와 상담하면 됩니다. 적어도 사장실에서 혼자 머리를 싸매면서 고민했을 때보다는 판단 기준이 뚜렷해질 것입니다. 이 세상에는 자신의 고민을 해결해 줄 사람이 반드시 존재합니다. 다이어트 전문가, 소통 전문가, 자산 관리 전문가 등 너무 많아서 일일이 셀 수가 없습니다. 때로는 한 권의 책이 고민을 해결해 주는 경우도 있습니다. 책이란 인류의 지혜를 집대성한 것입니다. 계속 고민하던 일이 고작 선인이

부자의 사고
빈자의 사고

쓴 한 줄의 문장으로 해결될 때도 있습니다. 다행히 제 경우에는 인생의 고민을 자기계발서로 해소할 수 있었습니다. 그 후 직접 사업을 운영할 때도 고민이 생기면 즉시 그 분야의 전문가에게 질문하는 일을 실천해 왔습니다.

마케팅, 대중 강연, 코칭, 영업 등 현재 자신에게 부족한 점이 있다고 느끼면 그 즉시 저에게 투자했습니다. 만일 제가 과거의 저처럼 고민을 떠안은 채로 쓸데없이 멈춰 섰다면 지금의 성공은 없었을지도 모릅니다. 최소한 시간이 훨씬 더 걸렸을 것입니다. 돈을 써서라도 당장의 고민을 계속 해결해나가면 노하우와 경험이 쌓여서 지금까지와는 다른 세계로 갈 수 있습니다.

가난한 사람은
여러 사람에게
배우려고 한다.

부자는
모든 비법을 전수받을 때까지
한 사람에게만 배운다.

저는 이 책에서 자기 투자 수단으로, 동경하는 사람의 신자가 되기를 주장했습니다. 사회에 나가 평범한 생활을 하다 보면 스승을 만들 기회가 쉽사리 생기지 않습니다. 여기서는 스승을 선택하는 요령에 관해 설명하겠습니다.

가난한 사람의 사고

"세상에는 우수한 사람들이 많이 있구나. 각종 스터디 모임에 나가서 여러 가지 노하우를 배우고 성공하는 사람들의 비결을 충분히 흡수해서 내 나름의 성공법칙을 찾아야지!"

타인에게 배우라고 하면 대부분의 사람들이 이런 패턴에 쉽게 빠집니다. 좋은 점만 취하려는 행동이라고 할 수 있습니다. 이 행동의 무서운 점은 여러 강사의 단편적인 발언(특히 노하우)만 주시하기 때문에 강사가 그런 방법을 취하는 이유 등과 같은 전체상이 잘 보이지 않는다는 점입니다. 다시 한 번 말하지만 독창성은 어느 정도 성공한 후에 발휘하는 편이 좋습니다.

이를 무술에 비유해 봅시다. 어느 초심자가 무술의 길로 들어가고자 한다면 어딘가의 문을 두드려서 한 스승님께 비법을 모두 전수받을 때까지 철저하게 배우는 것이 기본입니다. 무술 초심자가 서로 다른 유파의 스승님께 동시에 배운다면 잔기술은 익히더라도 핵심 부분은 전혀 습득하지 못합니다. 종합 격투기 선수도 유도, 킥복싱 등 반드시 어떠한 핵심 기술이 있습니다. 수파리守破離라는 말

이 있듯이 우선 기본을 철저히 배운 다음 응용해야 비로소 자신의
방식이 생깁니다.

부자의 사고

"그 사람이야말로 내가 원하는 경영자야. 그의 노하우와 인생철
학을 전부 배워야겠어. 이를 터득하기 전까지 다른 경영자가 쓴
책은 절대로 읽지 말아야지!"

   진심으로 마쓰시타 고노스케松下幸之助를 이상형으로 삼고 싶으면
그가 직접 쓴 책이나 그에 관해 쓰인 책을 종이가 닳을 때까지 몇
번이고 계속해서 읽어 봅시다. 어떤 길을 결정할 때 스승은 한 사람
이면 충분합니다. 하지만 그렇기 때문에 스승을 잘못 선택하면 낭
패를 볼 수 있습니다. 그 사람이 진짜인지 확인하려면 '그 사람이
정말로 성공했는가?', '그 사람은 지금 행복한가?'를 정확히 간파해

● 가르침을 지키고, 그 가르침을 깨뜨려 응용하며, 스승에게 얽매이지 않고 자신만의 새로운
   세계로 출발한다는 뜻.

부자의 사고
빈자의 사고

야 합니다. 성공한 사람인 척하는 것에 천재적인 능력을 지닌 사람도 많습니다. 또는 부자가 되었더라도 인간관계가 붕괴된 사람이라면 가르침을 받는 의미가 없습니다. 요즘에는 인터넷에서 성공한 사람인 척하기란 식은 죽 먹기입니다.

스승을 선택할 때의 대전제는 그 사람과 같은 삶을 살고 싶다는 생각이 순순히 들어야 한다는 점입니다. 이를 간파하는 요령은 스승 주위에 어떤 사람들이 있는지 관찰하는 것입니다. 정말로 자신을 향상시키려고 하는 사람은 아무리 대단해져도 손윗사람과의 교제를 중요시하며, 자신을 절차탁마하도록 유도하는 사람을 소중히 여깁니다. 자신보다 능력이 부족한 사람이나 예스맨만 주위에 몰려 있다면 그 스승은 우쭐해지고 싶어 할 뿐이며 그릇이 작은 사람이라고 할 수 있습니다.

누군가를 스승으로 정했다면 한눈팔지 말고 철저히 배웁시다. 처음에는 표면적인 것만 이해하더라도 시간을 들여서 몇 번이고 되돌아보는 사이에 그 사람의 머릿속까지 이해할 수 있게 됩니다. 이를 모델링이라고 합니다.

가난한 사람은
싫어하는 일이라도
한다.

부자는
좋아하는 일만
한다.

아무리 자기 투자가 중요하다고 해도 시간, 돈, 체력에는 한계가 있습니다. 가장 짧은 시간 안에 성과를 내고 싶다면 무엇을 배우고 무엇을 배우지 말아야 할지에 대한 엄격한 판단이 요구됩니다.

가난한 사람의 사고

"학생 때부터 수학을 굉장히 싫어했는데 경영자가 되려면 숫자에 강해져야 하잖아? 고등학생 때 보던 미적분 참고서라도 꺼내서 공부해 볼까?"

자기 투자는 얼마나 끈기 있게 배우느냐가 아니라 그 결과물로 평가받습니다. 들인 노력에 비해 대가가 적게 느껴진다면 그 일에 투자해서는 안 됩니다. 여러분도 경험한 적이 있겠지만 사람의 행동은 의욕에 크게 좌우됩니다. 의욕이 충만할 때는 평소보다 집중력을 더 발휘하며, 의욕이 없을 때는 주의가 산만해져서 아무것도 머릿속에 들이지 못한 채로 시간만 흘려보냅니다. 단기간에 성과를 내야 할 때 그런 식으로 시간을 낭비하면 안 됩니다.

'싫다', '잘 못한다', '귀찮다'는 등 여러분 자신의 의욕이 오르지 않는 시점에서는 높은 이율을 기대할 수 없습니다. 그런 일에는 귀중한 시간과 돈을 쏟아붓지 않아도 됩니다. 스승을 선택할 경우에도 똑같습니다. '그 분야의 일인자라고 해서 예전부터 배우고 있지만 왠지 성격이 안 맞는단 말이야'라고 느끼면 미련 없이 물러납시다. 예전부터 배웠다는 이유만으로 언제까지나 계속 배울 필요는 없습니다. 이는 사회생활에서나 남녀관계에서도 마찬가지입니다.

부자의 사고

"숫자를 보기만 해도 머리가 아파. 이 분야는 사람을 고용하는 게 낫겠어. 나는 그 밖의 다른 부분에 도전하자."

이왕에 배울 거라면 하고 싶은 일과 높은 이율을 기대할 수 있는 일에 자기 투자를 하는 것이 가장 좋습니다. 일본 속담 중 '무슨 일이든 좋아해야 능숙해진다'라는 말이 있는데, 하고 싶은 일이라면 책상 앞에 앉아서 공부하는 속도가 오를 뿐만 아니라 이를 실천으로 옮길 때의 문턱도 낮아집니다. 결과적으로 다양한 실천을 통해 수많은 경험을 쌓고 가속도가 붙어서 기술도 향상됩니다.

애당초 뭐든지 직접 해야 한다고 생각하는 것은 가난한 사람의 사고입니다. 완벽한 사람은 존재하지 않습니다. 자신이 못하는 일은 다른 사람에게 맡기면 됩니다. 성과는 팀이 함께 만들어내는 것이니까요. 이 발상이 가능해지면 지금의 생활 습관이나 일하는 방식을 살펴봤을 때 하지 않아도 되는 일이 보입니다. 그러면 시간과 돈과 체력이 남고, 남는 자원은 하고 싶은 일에 다시 투자할 수 있습니다.

이 과정을 반복합시다. 사람의 시간과 돈과 체력이 한정되어 있다는 것을 명심하세요. 이를 활용해서 최대한의 성과를 내려면 우선 하지 않을 일을 결정하고 최대의 이율을 기대할 수 있는 분야에 모든 자원을 집중적으로 투자해 보기 바랍니다. 사실 할 일을 정하는 것보다 하지 않을 일을 정하는 것이 더 중요합니다.

가난한 사람은
가난하니까 낡은 아파트에서
산다고 생각한다.

부자는
낡은 아파트에 사니까
가난하다고 생각한다.

지금까지 접한 적 없는 한 단계 높은 환경에서 지내면 사람의 내면에 여러 가지 변화가 생깁니다. 만나는 사람이 바뀌면 그에 감화되어 가장 먼저 겉모습과 행동, 말투가 달라집니다. 정신을 차려 보면 사고방식도 달라져 새로운 가치 기준으로 자신의 행동을 조절하게 됩니다. 그렇게 하면 지금까지의 자신이 상상하지 못한 성과를 낼 수 있습니다. 또 자신감이 생기고, 자신감이 생기면 한 단계 더 높은 환경에서 지내야겠다고 느낍니다. 이것이 부자가 되는 '상향 나선upward spiral'입니다.

가난한 사람의 사고

"집은 단지 허세에 불과해. 고급 주택을 구매하느니 매년 가족과 함께 해외여행을 다니면서 인생을 즐기는 편이 더 좋아."

해외여행을 가는 것은 인생에 대한 멋진 투자지만 위 사고의 근본에는 자신의 월수입이 변함없다는 일종의 포기가 존재합니다. 제가 예전에 살던 아파트는 일단 오래되고 좁은 데다 설비가 덜렁거리는 전형적인 낡은 아파트였습니다. 더구나 베란다 바로 밑에 쓰레기장이 있어서 여름철에는 창문을 열면 음식물 쓰레기 냄새로 가득 차는 최악의 조건이었습니다. 집세가 저렴해서 그나마 다행이었지만 그런 환경에서 생활하니 자신감이 사라지는 게 문제였습니다.

'어차피 난 무능력한 인간이니까 다른 사람의 쓰레기에 달라붙어서 생활하는 정도가 잘 어울려.'

이렇듯 지금 생각해 보면 정말로 부정적인 생각만 했습니다. 사고가 피폐하니 말과 행동에도 영향을 미쳐 그 무렵의 저는 말투가 상당히 부정적이었습니다. 게다가 자신감이 없어서 뭔가 행동하려고 해도 의욕이나 힘이 솟아나지 않았습니다. 앞에서 설명한 것과는 정반대인 악순환의 연속이었습니다. 제 경우에는 자기계발 등에 흥미가 있어서 스스로 그 잘못된 생각을 깨달을 수 있었는데, 만일 제가 자기계발서를 읽지 않았다면 지금도 다 쓰러져가는 아파트에서 살고 있을 것입니다.

부자의 사고

"환경이 사람을 만드는구나. 이런 곳에 계속 살다가는 진짜 무능력해지겠어. 조금 무리하면 못할 것도 없지. 일단 환경부터 바꿔 보자."

연속적인 악순환을 차단하려면 환경을 바꿔 보는 방법이 가장 큰 효과를 발휘합니다. 만일 저축금이 있다면 그 돈으로 고급 승용차를 사기보다 제가 한 것처럼 사는 장소를 바꿔 보세요. 낡은 아파트에 살며 벤츠를 타기보다 고급 맨션에 살며 프리우스를 타는 편이 훨씬 낫습니다. 저는 사는 장소를 바꿨을 뿐만 아니라 평소에 잘 다니는 장소에도 적용했습니다. 체인점 술집에 다섯 번 가면 고급

부자의 사고
빈자의 사고

레스토랑에 한 번 가는 식입니다. 그 사고는 살아 있는 돈으로 만드느냐 죽은 돈으로 만드느냐의 차이입니다. 사람은 저마다 경제 사정이 다르므로 겉치레로 들릴 수 있겠지만 현재 상태를 크게 바꾸고 싶으면 특히 큰 승부수를 띄워서 자신이 지내는 환경을 싹 바꿔야 합니다.

가난한 사람은
사장과 사는 세계가 다르다고
생각한다.

부자는
사장이 부럽다고
생각한다.

부자가 모이는 고급 레스토랑이나 성공한 사람들이 모이는 교류회 등
에 가면 항상 느끼는 점이 있습니다. 회장의 문을 연 순간 바깥 세계와
는 전혀 다른, 힘이 넘치고 밝은 공간이 기다리고 있다는 것입니다. 참
가자의 얼굴을 보면 대부분 웃으며 대화를 즐기고 있습니다. 불평을 늘
어놓는 회사원들이 모이는 술집의 축 처진 분위기는 전혀 느껴지지 않
습니다. 엄밀히 말하면 가끔은 부정적인 분위기가 느껴지는 사람도 그
회장에 섞여 있을 때가 있는데, 그럴 때는 멀리 떨어진 곳에서 보더라도
그 자리에 섞이지 못한다는 것을 금세 파악할 수 있습니다. 복장이 아
니라 표정 및 자세, 행동, 그 사람이 발산하는 에너지로 알 수 있죠.

출세하지 못하는 사람의 사고

"사장님을 따라 고급 레스토랑에 왔지만 어쩐지 세계가 다르네. 모처럼 맛있는 요리가 나왔는데도 긴장해서 먹지 못하겠어. 아, 빨리 이곳을 떠나고 싶구나."

평소에 아무런 자극도 없는 삶을 사는 사람이 갑자기 강력한 에너지를 발산하는 사람과 만나거나 그런 사람들이 모이는 장소에 가면 몸이 경직되거나 식은땀을 흘리거나 다리를 떠는 등의 거부 반응을 보입니다. 뇌는 이 거부 반응을 통해 '이 사람들 이상해', '나와는 관계없는 세계에 사는 사람들이야'와 같은 부정적인 판단을 내립니다.

하지만 이는 평소에 먹어 보지 못한 음식을 먹었을 때 배탈이 나는 것처럼 방어 본능이 자연스럽게 발동한 결과에 불과합니다. 반대로 말해, 몸이 거부 반응을 보였다는 것은 확실히 자극적이었다는 뜻이기도 합니다. 그 점을 착각해서 자극이 없는 쪽을 선택하면 당연하게도 늘 평범한 일상만이 당신을 기다립니다. 자극 없이 사람은 성장할 수 없습니다.

"우와, 사장님은 매일 이런 멋진 곳에서 저녁을 드시는구나. 긴장은 되지만 가슴이 설레는 걸? 나도 언젠가는 매일 저녁 이런 음식점에서 식사할 수 있겠지?"

일에서 성공하는 사람은 변화를 두려워하지 않습니다. 오히려 똑같은 상황에 머무르는 것을 싫어합니다. 처음 고급 레스토랑에 갔을 때 순수하게 가슴이 설렌 사람이라면 앞으로 부자가 될 가능성이 높다고 할 수 있습니다. 반복해서 말하지만 자신을 바꾸고 싶다면 환경부터 바꿔야 합니다.

몇 년 전, 연봉 10억 원을 목표로 세웠던 시기가 있었습니다. 현재의 나에 만족하지 않고 좀 더 높은 곳으로 나아가고 싶었기 때문입니다. 그래서 저는 환경의 변화를 위해 대인관계를 새롭게 바꿨습니다. 업무적으로나 사적으로나 연간 10억 원 이상 버는 사람하고만 함께 지냈습니다. 그 정도로 철저히 하면 반드시 제 안에 변화가 일어날 것이라고 생각했기 때문입니다. 밤낮으로 10억 원 이상 버는 부자들과 만나면서 돈 버는 구조를 만드는 방법이나 자기 투자 방법, 일할 의욕을 올리는 방법 등 많은 것을 배우자 예상했던 대로 무사히 목표를 달성할 수 있었습니다. 부자 사고를 하는 사람들은 서로를 자극하고 이끌어가며 성장해나간다는 것을 경험상 알고 있습니다. 따라서 부자들은 부자가 모이는 장소에만 가는 것입니다.

제4장

부자의 부 설계도

자신의 운명은 자기 스스로 관리하라.

그렇지 않으면 당신의 운명을 다른 누군가가 결정짓는다.

- 이나모리 가즈오稻盛和夫

POORMAN
VS
RICHMAN

가난한 사람은
부의 설계도를
타인에게 받는다.

부자는
부의 설계도를
직접 만든다.

부자를 목표로 한다면 이를 실현하기 위한 설계도를 준비해야 합니다. 그런데 사실 부의 설계도는 누구나 갖고 있습니다. 연봉 4000만 원인 사람의 설계도에는 '어떤 일을 어느 정도의 시간을 들여서 하라'고 쓰여 있습니다. 그 지시를 따르면 회사에서 4000만 원을 받을 수 있는 구조 입니다. 이를 매달 용돈 10만 원을 받는 학생의 경우에 비유하자면 '학 교 시험에서 낙제하지 말고 통금시간까지는 반드시 집에 돌아와'라고 쓰 여 있는 것과 같습니다. 이를 어기면 그 달은 용돈을 받지 못할 것입니다.

"매일 정시에 출근해서 상사에게 아부하고 부하 직원에게 일을 지시하며 두 시간 정도 야근하다 보니 연봉 5000만 원을 받고 있어. 하지만 돈을 좀 더 벌려면 어떻게 해야 할지 모르겠네."

어떻게 해야 할지 모르겠다는 것은 지금 받고 있는 5000만 원의 설계도를 회사 인사부에서 작성했기 때문입니다. 직접 작성하지 않았으므로 실제로 회사 안에서 돈이 어떻게 움직이고 자신의 작업이 얼마나 많은 이익을 만들어내는지(또는 적자를 내는지) 알 길이 없습니다. 또한 그 설계도는 부모나 상사에게 물려받은 경우가 많아서 자신이 직접 설계도를 만들려고 하지 않습니다.

부자의 사고

"내 목표 연봉은 10억 원이야. 이를 이루기 위한 비즈니스 모델에 따르면 연봉의 5배를 판매해야 하고, 월 매출은 대략 4억 원이 되어야 해. 이제 이를 실현하기 위한 여러가지 수단을 자세히 생각해 봐야겠다."

부자는 연봉을 조절하는 사람입니다. 물론 시장에 좌우되므로 엄밀히 말하면 조절할 수 없지만 적어도 희망 연봉을 받기 위한 설계도는 반드시 직접 작성합니다. 연봉 10억 원의 설계도를 작성했는데 실현할 수 없다면, 이는 설계도 어딘가에 모순이 있거나 예측이 잘못됐거나, 아니면 목표를 달성하겠다는 마음이 그새 약해진 것입니다.

목표에 도달하지 못했다 해도 회사에 근무하며 5000만 원의 설계도만 갖고 있는 사람과 비교하면 직접 설계했다는 점이 훨씬 유리하게 작용합니다. 실패하면 설계도의 어느 부분이 잘못됐는지 알 수 있으므로 다음에 똑같은 실수를 저지르는 일도 없습니다. 또 목표 달성을 위해 자신이 해야 할 일이 확실히 정해져서 돈과 시간을 효율적으로 사용할 수 있습니다.

회사에서 설계도를 건네받은 사람은 그런 세세한 일은 신경 쓰지 않습니다. 설계도에는 '5000만 원을 원한다면 일단 매일 출근해서 이 정도의 일을 하면 된다'라고만 적혀 있기 때문입니다. 상사에게 찍혀서 해고 통지를 받지 않는 한 5000만 원은 계속 받을 수 있습니다. 그러나 이래서는 성장할 수 없습니다.

이 회사원이 연봉 1억 원을 받고 싶다면 어떻게 해야 할까요? 한 가지 선택지로는 인사부와 접촉해서 "우리 회사에서 연봉으로 1억 원을 받는 사람이 있습니까?"라고 물어보는 방법이 있습니다. "사장님도 8000만 원을 받는데 있을 리가 없잖아요?"라는 대답이 돌아오면 자신이 사장이 되거나 다른 회사로 이직하는 수밖에 없습니다. 반대로 "사업부장 정도가 되면 1억 원을 받습니다"라고 한다면 회사에서 받은 설계도를 일단 무시하고 사업부장이 되기 위해 필요한 능력이나 직무부터 파악해야 합니다. 그리고 그것을 토대로 자기 나름대로 1억 짜리 설계도를 작성해 봅시다. 그 설계도를 실현했다고 해도 당장 1억 원을 받지 못할 수 있지만, 그 설계도와 실적을 들고 다른 회사에 사업부장으로 취직할 수 있는 선택지도 생깁니다. 이렇듯 연봉은 설계도에 따라 정해집니다.

제가 가르침을 받은 적 있는 미국의 한 자산가 이야기를 들려드리겠습니다. 그는 부동산 거품이 꺼져서 모든 자산을 잃었습니다. 수백 억 원의 자산을 갖고 있었는데 수천 억 원의 부채를 떠안게 된 것입니다. 그때 이 자산가에게 어느 은행의 담당자가 다음과 같이 조언했습니다.

"일단 지금 당신은 수천억 엔의 빚을 졌으니 호화 저택과 명품 시계, 고급 승용차를 다 팔고, 매일 밤 고급 레스토랑에서 요란하게 먹고 마시는 것도 그만두는 것이 어떻겠습니까?"

그러자 그는 이렇게 반론했다고 합니다.

"저도 성심성의껏 돈을 갚고 싶습니다. 하지만 정말로 제가 돈을 모두 갚기를 원한다면 은행이 오히려 제가 지금까지 해온 대로 생활할 수 있도록 지원해줘야 하지 않겠습니까? 그렇게 해주면 더 빨리 돈을 갚을 수 있습니다. 물론 안심하세요. 저는 돈을 만들어내는 전문가니까요."

과감하게도 이 자산가는 빚을 떠안은 신분으로 다시 돈을 빌려달라고 한 것입니다. 그리고 실제로 그는 사업을 다시 시작해서 모든 부채를 갚았습니다.

은행 직원은 이 자산가에게 부의 설계도를 다시 작성할 것을 요구했습니다. 그러나 자산가의 입장에서는 남들에게 언뜻 사치스러워 보이는 생활도 전부 큰 부를 만들어내기 위해 설계도에 철저히 포함시킨 내용이었습니다. 20억 원의 연봉을 벌어들일 수 있는 설계도를 일부러 1억 원으로 줄이면 시간이 아무리 흘러도 결코 재기할 수 없습니다. 사전에 자신의 설계도를 확실하게 그려 놓은 사람은 어떤 고난이 생겨도 반드시 그 설계도대로 자신의 수입을 회복

시키고 맙니다. 하지만 설계도가 없다면 재기는커녕 실패 지점에서 좌절하고 말 것입니다. 부의 설계도는 그만큼 중요한 역할을 맡고 있습니다.

가난한 사람은
돈이 세상의 전부라고
생각한다.

부자는
돈이 세상의 전부가 아니라고
생각한다.

애당초 우리가 돈을 버는 이유가 무엇일까요? 먹고살기 위해서? 꿈을

실현하기 위해서? 사회 공헌을 위해서?

가난한 사람의 사고

"이 세상에서 돈이 전부야."

당연히 반론하는 사람이 있을 겁니다. 오히려 반대가 아니냐며 말이죠. 실제로 부자가 되는 꿈을 누구나 한 번은 꾼 적이 있을 것입니다. 이는 부자가 되면 자유로운 생활을 할 수 있고 일상의 각종 걱정과 고생에서 해방된다는 사실을 알기 때문입니다. 저 역시도 예전부터 그 꿈을 계속 갖고 있었습니다. 하지만 막상 경쟁사회의 거센 파도에 휩쓸리다 보면 갑자기 기세가 누그러져서 '역시 가정이 제일 중요해', '돈으로는 사랑을 살 수 없어' '무엇보다 건강해야지'라고 말하기 시작합니다. 확실히 말하지만 그 말은 너무 당연하고 뻔합니다. 세계의 어느 대부호를 살펴봐도 돈을 가족, 사랑, 건강보다 우선하는 사람은 없습니다.

돈보다 다른 것들이 소중하다고 말하는 사람에게 1억 원을 주겠다고 하면 100명 중 99명은 '감사합니다'라며 흔쾌히 받을 것입니다. 그 말은 돈 자체를 싫어하는 것이 아니라 돈을 버는 행위를 나쁘게 여긴다는 뜻입니다. 돈을 버는 일을 왜 나쁘게 생각하느냐고 물어보면 한결같이 "타인에게 빼앗아서 재산을 늘리는 느낌이 들기 때문입니다"라고 대답합니다. 완전히 말도 안 되는 소리입니다. 다른 사람에게 빼앗아서 자기 재산만 늘리는 사람은 사기꾼이거나 도둑입니다.

비즈니스 세계에서 움직이는 돈은 가치를 제공하는 사람과 그 가치를 누리는 사람이 모두 존재해야 비로소 성립됩니다. 지금 회사에서 받는 월급은 어떻게 만들어졌습니까? 회사가 남들에게 빼앗은 것입니까? 사회에 만연하는 돈에 대한 부정적인 인식은 근본적으로 '돈은 절대적인 것이라서 지금 내가 맞설 수 없다'며 돈 앞에서 무력함을 느끼기 때문이 아닐까요?

일이 아닌 다른 것에서 삶의 보람을 찾은 사람들의 입에서 "돈이 전부가 아니야"라는 말이 나오면 물론 이해할 수 있습니다. 일보다 취미에 몰두하는 편이 더 행복하다면, 유한한 시간을 원하는대로 쓰는 것이야말로 멋진 인생일 것입니다. 그러나 현실에서 도피하기 위한 변명으로 "돈이 전부가 아니다"라고 한다면 이는 결국 마음속으로는 '돈이 전부다'라고 말하는 것과 같습니다. 다시 말하자면, 돈이 가장 중요하다고 회사와 사회에서 세뇌당하고 있는 것입니다.

부자의 사고

"돈이 전부가 아니야."

부자에는 두 가지 타입이 있습니다. 자유를 얻기 위해 돈을 버는 사람과 좋아하는 일에 열중했더니 저절로 돈이 들어온 사람입니다. 스티브 잡스나 마크 주커버그는 후자처럼 좋아하는 일을 한 결과 성공한 사례입니다. 요즘처럼 좋아하는 일을 돈으로 바꾸기 쉬운 시대는 없습니다. 자신의 의지와 노력에 따라 꿈을 실현할 수 있고, 그 일을 함께 할 동료도 다양한 방법으로 쉽게 찾을 수 있습니다.

중요한 것은 두 타입의 부자 모두 돈이 전부가 아니라고 여긴다는 것입니다. 돈만 목적으로 하지 않는다는 점이 공통점입니다.

가난한 사람은
돈을 벌기 위해
일한다.

부자는
10억 원의 가치를 제공하기 위해
일한다.

부의 설계도를 작성할 때 사람마다 목표 금액을 설정하는 데 차이가 있습니다. 목표 설정액이란 설계도의 최종 목표입니다. 가장 먼저 결정해도 좋고 금액을 자유롭게 정해도 상관없습니다. 다만, 여기서 내세우는 목표가 높으면 높을수록 비약적인 발전으로 이어집니다.

목표 연봉을 결정할 때 가난한 사람의 사고

"50세가 되었을 때 연봉으로 1억 원을 받을 수 있다면 감지덕지."

이 사람은 성장 의욕과 미래에 대한 계획이 전혀 없으며 심지어 가난한 사람의 사고방식을 갖고 있습니다. 만일 연봉이 1억 원에 도 달하지 못한다 해도 "뭐 어쩔 수 없지"라는 한마디로 끝내 버립니 다. 시급 혹은 월급 사고를 가진 고용인의 가장 큰 문제는 자신이 직 접 가치를 제공하려는 생각을 하지 않는다는 점입니다. 설령 그런 발상을 떠올리더라도 어디까지나 수입의 범위 내로 제한합니다.

예전에 세미나 회장을 설치할 때 인재파견회사에 의뢰해서 아르 바이트 직원들을 고용한 적이 있습니다. 작업 시간과 일당을 비교 하면 결코 나쁘지 않은 수준의 금액이었습니다. 당연히 열심히 하 겠거니 했는데 모두가 멍하니 서 있다가 한 가지 일을 지시하면 그 일만 하고 또 멍하니 서 있는 것이었습니다. 그래서 이후에는 아르 바이트생을 쓰지 않고 제 세미나의 졸업생들 중 자원봉사에 관심 있는 사람들을 모아 함께 세미나장을 설치하기로 했습니다. 그랬더 니 아니나 다를까 모두 열심히 움직였습니다. "이구치 씨, 이건 어떻게 할까요?", "나는 이 줄을 담당할 테니까 먼저 저걸 꺼내줘요"라는 식으로 서로 잘 협조하면서 작업을 진행했습니다.

저로서는 고마웠고 감동도 받았습니다. 저를 위해 무상으로 이렇게까지 가치를 제공해 주는구나 싶어서요. 저도 그 사람들에게 많은 가치를 전달하겠다고 마음속으로 맹세했습니다. 아르바이트든 고용인 발상에 사로잡힌 회사원이든 우선 돈을 위해 일하는 사고부터 버리는 것이 중요합니다. 그 행동이야말로 돈의 노예에서 해방되기 위한 가장 좋은 방법입니다.

목표 연봉을 결정할 때 부자의 사고

"내가 10억 원의 대가를 받는 만큼 사회에 가치를 제공해야지. 그리고 내 가치를 필요로 하는 사람이 있는 한 나도 항상 성장해야겠구나."

사회에 가치를 제공한 결과가 수입이라고 생각하면 돈을 버는 행위는 사회 공헌입니다. 소비자가 원하는 획기적인 상품을 만들어낸다면 소비자는 기다렸다는 듯이 흔쾌히 구입할 것입니다. 이는 훌륭한 사회 공헌이며 사업가가 얻는 보수에 토를 다는 사람도 물론 없습니다. 이렇게 생각하면 부의 설계도에서 목표 금액을 낮게 설정한 사람은 그만큼 사회에 가치를 제공하지 못하는 사람이라고 할 수 있습니다. "나는 3000만 원만 벌면 돼"라는 말은 "나는 3000만 원 이상의 가치를 제공할 생각이 없어"라는 말과 같습니다.

자신의 가치를 매기기란 처음에는 쉽지 않은 법입니다. 하지만 여러분은 스스로 자신을 제한할 필요가 없습니다. 참고로 저는 적절한 수입이란 자신이 사회에 제공한 가치의 10분의 1이라고 생각합니다. 그래서 10억 원을 벌기 위해 100억 원의 가치를 제공하려고 합니다. 주변을 보다 보면 자신의 가치를 과소평가하는 사람들이 굉장히 많아서 안타깝습니다. 가격은 여러분 자신의 가치입니다. 오히려 가격을 조금 높게 설정해야 가격에 알맞은 서비스를 제공하기 위해 필사적으로 일합니다. 그러면 제공하는 사람과 소비자모두가 만족할 수 있습니다. 자신을 확실하게 평가하기는 어렵지만자신이 일함으로써 눈앞의 고객을 도울 수 있다고 생각하기 바랍니다. 일에 대한 생각이 반드시 달라질 것입니다.

가난한 사람은
꿈만 설정하고
모험 계획은 세우지 않는다.

부자는
모험 계획을 세울 수 없는 꿈은
꾸지 않는다.

연봉 10억 원의 설계도를 작성하려면 그 돈을 벌기 위한 구조를 신중하

게 생각해야 합니다. 성공과 실패는 모두 이 설계도에 달려 있습니다.

"목표 연봉은 10억 원으로 정해야지. 자, 그럼 설계도를 한번 작성
해 볼까? 음, 어렵네. 좋은 생각이 하나도 떠오르질 않아."

백지를 앞에 놓고 앉아서 갑자기 부자가 되는 구조를 생각하려
고 해봤자 잘 될 리가 없습니다. 하물며 지금까지 제 힘으로 돈을
벌어 본 적이 없는 사람이라면 해보려고 해도 불가능합니다. 그럼
구조를 어떻게 생각하면 좋을까요?

부자의 사고

"일단 내가 어떤 일로 사회에 가치를 제공하고 싶은지 생각나는
대로 다 써 봐야지."

사회에 가치를 제공하는 것은 사업 계획에서 말하는 사명이자

비전이며 의무입니다. 제 경우에는 '사람들의 고민을 해소해서 인생을 바꿔 주고 싶다'는 것이었습니다. 물론 '사람들에게 맛있는 음식을 선보이고 싶다'거나 '사람들의 생활을 쾌적하게 하는 IT 서비스를 제공하고 싶다'는 목표도 모두 좋습니다. 여러분이 하고 싶은 분야, 좋아하는 것을 떠올리며 열정이나 재능을 마음껏 발휘할 수 있는 일을 생각해 봅시다. 한계 또는 제약 사항은 고려하지 말고요. 과연 어떤 일이 좋을지를 일상생활 속에서 찾을 수 있느냐가 중요합니다. 고용인 발상에 익숙해진 사람일수록 어렵게 느껴지겠지만, '사회에 가치를 제공하고 싶다'는 마음에 집중한다면 반드시 찾을 수 있습니다.

다음으로는 그 사명을 실현하는 데 공헌할 만한 자신의 무기(타인에게 제공할 수 있는 가치)가 무엇인지 적어 봅시다. '사람들 앞에서 말하기', '프로그래밍', '다이어트에 관한 지식' 등 뭐든지 상관없습니다. 여기까지 됐으면 자신의 자원을 목록으로 작성해 보세요. 인맥(과거까지 거슬러 올라간다), 저금(돈을 빌려줄 만한 사람도 포함한다), 체력, 시간, 재능, 기술 등 모든 것을 다 적습니다. 이 단계에서 어떤 모험을 계획해야 실현 가능한지를 어느 정도 파악할 수 있습니다. 예상이 되면 어떤 일을 어떤 순서로 보완하거나 강화해야 하는지도 정리될 것입니다. 만일 여기서 아무것도 알 수 없으면 사명을 정하는 부분으로 돌아가서 다시 시작해야 합니다.

다음 단계에서는 자신이 제공할 가치(상품)를 어떤 사람이 필요로 하는지 생각합니다. 여기서는 여러분이 모험의 주인공입니다. 고객을 연상할 수 있으면 자신이 제공하는 서비스의 프로모션 방법이나 누구에게 어떤 메시지를 전하고 싶은지를 생각해서 설계도를 수정하면 완성도가 한층 더 높아집니다. 그리고 '내가 제공한 서비스 및 상품을 받은 사람이 어떤 기분을 느끼길 원하는가?', '어떻게 웃길 원하는가?', '어떤 식으로 인생에 변화를 일으키길 원하는가?'를 생각하는 것이 중요합니다. 고객을 만족시키고 더 나아가 감동시키는 일이 바로 비즈니스의 기본입니다.

여기에서도 돈에 대한 사고방식이 굉장히 중요합니다. 돈을 유한하다고 생각하는지 무한하다고 생각하는지에 관한 이야기는 앞에서 했는데, 전자를 '결핍 마인드', 후자를 '풍요 마인드'라고 합니다. 전형적인 결핍 마인드 비즈니스는 한계가 있는 것을 서로 빼앗는 형태입니다. 좀 더 큰 성공을 거두고 싶다면 풍요 마인드를 따른 비즈니스를 추천합니다. 시장의 수익을 서로 빼앗는 것이 아니라 자신이 새로운 시장을 만들어내는 사업입니다. 구체적인 예를 들면 자신의 집을 남에게 빌려 주고 돈을 받을 수 있도록 돕는 '에어비앤비Airbnb'라는 전세계적인 기업 혹은 자신이 원하는 장소에서 편하게 택시를 부를 수 있는 서비스를 제공하는 '우버Uber'라는 기업이 있습니다. 두 기업 모두 새로운 시장을 만들어낸 혁신적인 사례입니다. 서비스나 상품을 제공하는 쪽과 제공을 받은 쪽 모두가 훨씬 여유롭고 행복해져서 이를 다른 누군가에게 알려 주고 싶은 마음이 생기는 것이 이상적인 비즈니스입니다. 여러분도 자신이 그런 서비스를 받는다면 누군가에게 말하고 싶어서 가만히 있지 못할 것입니다.

저도 학창시절에 10억 원을 버는 방법으로 여러 가지를 진지하게 생각한 시기가 있었는데, 이때도 평범한 회사원이 될 마음은 없었습니다. 가장 먼저 머릿속에 떠오른 것은 무슨 이유였는지 모르겠지만 프로 운동선수였습니다. 신문의 헤드라인에서 '연봉 몇 억 원에 계약'이라는 글을 자주 봤기 때문일까요? 물론 프로가 될 만한 운동신경이 없는 저로서는 이 선택지를 배제했습니다. 다음에는 자산가의 딸과 결혼하는 방법이 떠올랐습니다. 너무나도 안일한 생각이었죠. 돈을 벌어서 자유를 얻고 싶은데 가계라는 굴레에 구속당해서 주객이 전도되는 꼴이라서 이 역시 즉시 배제했습니다. FX 마진 거래* 등의 도박적 요소로 성공하면 부자가 될 수 있지 않을까 한순간 생각했지만, 시세를 내 맘대로 조절할 수 없으므로 완벽한 설계도를 작성할 수 없다는 사실을 깨달았습니다. 그런 식으로 이리저리 생각하다 보니 제 힘으로 창업하는 방법이 가장 현실적으로 느껴졌습니다. 재능을 찾아낸 뒤 그 재능을 활용할 수 있는 사업을 계획하여 스스로 갈고닦으면서 돈을 버는 방법입니다. 연봉 10억 원에 도달하려면 10년은 걸리겠다 싶었지만 그 방면으로 나아가기로 결심했습니다. 그러나 실제로는 예상보다 빨리 달성할 수 있었습니다. 이처럼 저는 회사에 고용될 마음이 없었기 때문에 취직활동을 한 적이 없습니다. 지금은 그 결단이 옳았다고 생각합니다.

● Forex라고 불리는 국제외환시장에서 개인이 직접 외국의 통화(외환)를 거래하는 현물시장이다. 유로나 미국 달러, 영국 파운드, 일본 엔, 스위스 프랑, 캐나다 달러, 뉴질랜드 달러, 호주 달러 등 총 8개국 통화의 변동에 투자하여 환차익과 이자율 차익까지 얻는 차익 거래의 일종이다. 두 나라의 통화를 동시에 교환하는 방식으로 이뤄진다.

가난한 사람은
번 돈으로 무엇을 할까
생각한다.

부자는
돈을 벌어서 어떤 사람이 될지
고민한다.

앞에서 부의 설계도를 작성하는 방법의 개요에 관해 다뤘는데, 실제로
해 보면 결코 쉽지 않습니다. 비즈니스 모델을 구축하기가 그렇게 쉬우
면 누구든지 큰 부자가 될 것입니다. 또한 많은 사람들이 돈만 벌면 만
사형통이라고 생각하는데, 사실 돈을 번 후의 행동이 가장 중요합니다.

가난한 사람의 사고

"돈을 이렇게나 많이 벌다니! 전부터 갖고 싶었던 자동차부터 사야지. 그리고 지금까지 꾹 참았던 외식도 매일 하고 명품 가방도 몇 개 사둬야지."

돈을 쓰는 것도 중요하고 지금까지 참았던 만큼 조금은 사치를 부려도 좋지만, 위의 예처럼 돈을 소비하는 행위 자체가 목적이 되는 경우가 문제입니다. '열심히 일해서 번 돈을 쓰겠다는데 뭐가 나빠?'라는 차원의 이야기가 아니라, 사실은 그런 사고방식이 여러분을 진정한 부자로부터 멀어지게 하기 때문입니다.

돈을 낭비하는 행위에 한계는 없습니다. 그래서 '저 사람은 나보다 훨씬 더 좋은 집에 살고, 더 좋은 차를 타며, 더 사치스러운 생활을 한다'면서 항상 자신을 누군가와 비교합니다. 돈을 더 쓰려고 생각한 나머지 돈을 버는 목적은 망각하고 타인과 비교만 한다면, 더 나아가 돈을 쓰고 또 써도 만족하지 못하는 상태가 된다면 본전도 못 찾습니다.

부자의 사고
빈자의 사고

부자의 사고

"나는 돈을 벌어서 어떤 사람이 되고 싶은 걸까? 또 돈으로 세상에 어떤 공헌을 할 수 있을까?"

인생에서 진정한 여유를 추구한다면 무슨 일을 할까보다 어떤 사람이 될까를 생각하는 것이 중요합니다. 즉 Do보다 Be가 중요하다는 뜻입니다. 실제로 비즈니스에서 성공한 사람이나 부자들은 누구보다도 타인에게 무언가를 제공하는 것을 매우 좋아합니다. 저도 그렇지만 대부분의 부자들은 매년 자기 수입의 일부를 재단에 기부하거나 사회사업 활동으로 어려운 가정에 음식을 갖고 방문하거나 무상으로 봉사 활동을 합니다. 만일 지금은 무엇을 하고 싶은지조차 알 수 없는 상태라 해도 주위 사람들이나 세상 사람들에게 공헌하고 있다면 반드시 돈을 버는 힌트를 얻을 수 있습니다. 돈을 버는 것은 눈앞에 있는 사람에게 도움이 되는 일이라는 것이 대전제이기 때문입니다.

또한 부자는 자선 행사를 열고 그곳에서 세상을 좋은 방향으로 발전시키자고 진지하게 이야기합니다. 저 역시 그런 자리에 여러 번 참가했는데, 각 분야의 리더가 모여서 세상의 환경, 빈곤, 분쟁 문제 등을 해결하기 위해 진지하게 아이디어를 내고 실제로 그런 활동에 거액을 기부합니다.

그런 식으로 누군가에게 도움이 되면 한층 더 의욕이 생기고 세상에 공헌하고 있다는 것을 실감하게 됩니다. 부자는 다른 사람에게 가치를 제공함으로써 더욱 더 풍족해지는 것입니다.

가난한 사람은
돈을 부정적인 존재로
생각한다.

부자는
돈을 사랑과 배려의 결정체라고
생각한다.

마지막으로 훌륭한 설계도를 작성할 때와 이를 실행할 때의 기본자세에 관해 다루겠습니다. 이는 돈에 대한 근본적인 사고법에 관한 이야기입니다. 부를 만들어내기 위한 세부 구조는 각자의 목표에 따라 차이가 있지만, 돈에 대해 잘못된 생각을 갖고 있다면 좋은 설계도를 작성할 수도 실현할 수도 없습니다.

가난한 사람의 사고

"돈이란 부정적인 존재야. 그래서 돈을 벌거나 돈을 쓰는 일에는 전부 고통이 따르지."

돈에 대해 부정적인 이미지를 갖고 있으면 돈을 모으는 일에 '수치심'이라는 불필요한 감정이 파고듭니다. 이 마음은 돈을 만들어 내는 흐름을 계속 방해합니다. 돈에 부정적인 이미지가 항상 따라다니는 것은 금욕과 절약을 중요시하는 동양 특유의 사회적 분위기가 각인된 탓입니다.

예를 들어 어릴 때부터 집에서는 "부모님과 다른 사람의 수입을 묻지 마라"라고 가르칩니다. 뉴스를 보면 돈에 얽힌 사건사고가 요란하게 보도되며 영화에서는 부자가 대체로 나쁜 사람이거나 나쁜 일을 해서 출세한 사람으로 설정되어 있습니다. 대기업이 최고 이익을 냈다는 뉴스는 좋은 화제로 다뤄지지만, 어떤 부자가 수익을 냈다고 하면 "또 나쁜 일로 번 거 아니야?"라며 의심부터 합니다.

부자의 사고

"돈이란 영혼이 기뻐하는 사랑과 배려의 결정체야."

만일 일본이 아직 봉건주의 사회를 벗어나지 못해서 시민에게 부를 만들어낼 기회가 주어지지 않고 특권 계급들만 부를 독점했다면 저 역시 분명 돈은 나쁘다고 생각할 것입니다. 하지만 지금의 일본은 민주주의 국가이며 자본주의 사회입니다. 빈부의 격차는 있지만 교육의 기회가 보장되고 직업을 선택할 자유도 있으므로 노력과 재능만 있으면 부를 얻을 기회가 어느 정도 생깁니다. 또 무엇보다 저처럼 대학을 중퇴한 사람이라도 스트리트 스마트를 추구하면 돈을 벌 수 있습니다. 이렇게 좋은 환경에 있는데 왜 돈을 혐오해야 할까요? 부자들은 자신보다 성공한 사람을 보면 이렇게 생각합니다.

'저렇게나 성공하다니 멋진데? 나도 더 노력해서 저렇게 돼야지.'

이렇듯 부정적인 감정을 갖는 것이 아니라 더 적극적인 자세를 취합니다. 돈은 여러분이 사회에 제공한 가치의 대가이며, 여러분이 누군가에게 도움이 되거나 누군가를 웃게 만든 결과물입니다.

다시 말해 보자면, 여러분이 제공한 사랑과 배려가 돈의 형태로 돌아온 것입니다. 정말로 영혼이 기뻐하는 활동을 하면 돈은 저절로 곁에 모여듭니다. 일단 돈의 가치를 바꾸는 일부터 시작해 보기 바랍니다.

마지막까지 읽어주셔서 대단히 감사합니다. 여기까지 읽으셨다면 부자가 되는 방법과 그들의 사고방식에 관해 잘 아셨겠지요? 여러분은 이미 '부자의 사고방식'을 터득해서 새로운 모습으로 변신했을 것입니다.

이 책에서는 부자가 되기 위한 근간에 대해 다뤘습니다. 같은 장르의 책에 등장하는 절약 방법이나 재테크 기술 등과 같은 실용적인 노하우는 다루지 않았습니다. 근간이 마련되어 있으면 노하우는 자연스럽게 생기기 때문입니다. 본문에서 동경하는 사람에게 가르침을 청하는 것을 무술의 세계로 입문하는 것에 비유했는데, 저는 이 책으로 그 방법을 터득하기 위한 사고법을 여러분께 알리고 싶었습니다. 부자가 되기 위한 잔재주가 아니기에 일부 표현이 과격해진 부분도 있으니 부디 이해해 주시기 바랍니다.

지금 성공한 제 모습을 보면 '이구치 씨는 분명히 순풍에 돛을

단 배처럼 순조로운 인생을 보냈을 테지'라고 여기는 사람들이 많은데, 서장에서부터 말했다시피 저는 원래 은둔형 니트족이었습니다. 창업한 후에도 미숙함 때문에 여러 번 실패를 경험했습니다. 물론 언제 무슨 일이 닥칠지 모르니 앞으로 또다시 큰 벽에 직면할지도 모르겠네요. 하지만 지금의 저를 만들어준 근간이 남아 있는 한 반드시 부활할 수 있다고 믿고 있습니다.

제 나름의 성공 철학은 성공한 사람들의 사고방식과 일하는 방식, 시간 활용 방법, 라이프스타일, 인간관계, 행동, 비즈니스 모델(성공 및 실패 사례), 선천적 기술과 후천적 기술, 자기 투자 방법을 오랜 세월에 걸쳐서 연구하고, 친구로서 가까이 지내며 학습해서 집대성한 것입니다. 물론 저서나 세미나 등을 통해서 단편적으로 배울 수도 있지만 역시 직접 교우 관계를 맺고 생생한 목소리를 들었던 점이 효과적으로 작용했습니다. '사람을 만나러 가라'고 여러 번 말했는데, 성장하고 싶다면 멘토를 찾아서 가르침을 받는 것이 가장 확실하고 빠른 방법이라는 사실을 통감했기 때문입니다.

이 책에서는 글자 수가 허락하는 한 제가 배운 것을 아낌없이 솔직하게 썼습니다. 다 읽고 책을 덮었을 때 여러분의 마음속에서 어떤 변화가 일어날지 또 어떤 행동을 취할지 굉장히 기대됩니다. 즉시 행동으로 옮기지 못하는 경우도 있겠지만 우선 사소한 일이라도 좋으니 첫발을 내딛어보기 바랍니다. 작은 계기로 인해 지금까지 답보 상태였던 자신의 가능성이 단번에 성과를 나타낼 수도 있습니다. 한 번 움직이기 시작했다면 그 기세를 멈추지 말고 계속 앞으로 달려 나가세요. 자기 자신을 믿기 어려울 때도 있겠지만, 만일 망설여지는 일이 생기면 이 책을 몇 번이고 다시 읽어보기 바랍니다. 저는 여러분이 지금보다 더 보람 있는 인생을 살아가며 더 큰 행복과 성공을 얻을 수 있다고 믿습니다.

비디오나 강연을 통해 여러분께 직접 '부자의 사고방식'을 전할 기회가 있다면 저자로서 이보다 더 기쁜 일은 없을 것입니다. 이 책에 차마 쓰지 못한 내용도 아직 많이 있으니 부디 여러분과 직접 만나서 나머지 비법들을 전수해드리고 싶습니다. 언젠가 우리가 만날 수 있는 그날까지 서로 열정을 갖고 자신의 꿈을 위해 살아갑시다!

미국 할리우드힐스 자택에서

이구치 아키라 井口晃

POORMAN
VS
RICHMAN

부자의 사고 빈자의 사고

1판 1쇄 발행 | 2015년 12월 28일
1판 4쇄 발행 | 2021년 1월 29일

지은이 이구치 아키라
옮긴이 박재영
펴낸이 김기옥

경제경영팀장 모민원
기획 편집 변호이, 박지선
커뮤니케이션 플래너 박진모
경영지원 고광현, 김형식, 임민진

디자인 제이알컴
인쇄 · 제본 민언프린텍

펴낸곳 한스미디어(한즈미디어(주))
주소 121-839 서울특별시 마포구 양화로 11길 13(서교동, 강원빌딩 5층)
전화 02-707-0337 | 팩스 02-707-0198 | 홈페이지 www.hansmedia.com
출판신고번호 제 313-2003-227호 | 신고일자 2003년 6월 25일

ISBN 978-89-5975-926-2   13320